陪伴与领航

吴宏丽　主编

中国海洋大学出版社

·青岛·

图书在版编目（CIP）数据

陪伴与领航 / 吴宏丽主编 . —— 青岛：中国海洋大学出版社，2017.10

ISBN 978-7-5670-1635-4

Ⅰ . ①陪…… Ⅱ . ①吴…… Ⅲ . ①中学—班级—学校管理
Ⅳ . ① G632.421

中国版本图书馆 CIP 数据核字（2017）第 289587 号

出版发行	中国海洋大学出版社	
社 　 址	青岛市香港东路 23 号	邮政编码　266071
出 版 人	杨立敏	
网 　 址	http://www.ouc-press.com	
电子信箱	44066014@qq.com	
订购电话	0532-82032573（传真）	
责任编辑	郭周荣	电　　话　0532-85902349
印 　 制	青岛新华印刷有限公司	
版 　 次	2017 年 12 月第 1 版	
印 　 次	2017 年 12 月第 1 次印刷	
成品尺寸	170mm×240mm	
印 　 张	13	
字 　 数	176 千	
册 　 数	1~1000	
定 　 价	35.60 元	

本书编委会

主　编：吴宏丽

副主编：（按姓氏笔画排列）

马千里　吉爱中　刘晓黎　宋雪莲

尚妮娜　韩江红　高玉刚

目　录

第四部分 学习感悟——外出学习与读书

第五部分 教师职业幸福感的源泉

第六部分 反 思

第七部分　班级管理的创新做法

第一部分
班级管理的方法与智慧

班主任工作中的辩证法

崂山一中　吴宏丽

班主任工作千头万绪，如何能在这繁忙的事务中有条不紊地开展工作，忙而不乱呢？不妨使用一下辩证法的原理来应对它们。

一、班主任工作中的"勤"与"懒"

学校一般都要求，班主任要实行走动管理。作为班主任，要眼里有活，手里有活，心里有活。因此，"勤"是做班主任的必备素质之一。当然，"勤"不是仅仅走走、看看、转转，还需要脑子勤，增强工作的预见性，每一个不起眼的做法背后，可能都是班主任的煞费苦心和深谋远虑。

班主任工作中的"勤"

1. 多到教室"走一走"

作为班主任，比其他任课老师早到许多，这一点，可能是每个学校的共性。但是，到了学校以后做什么？班主任可以从以下几个方面入手：

（1）高效早读。我一般 6:50 到校，直奔我班教室，转一圈，学生进入学习状态了，马上到级部其他各班巡视，这样一圈下来，大约 15 分钟。再回到我班教室，这时候，个别同学可能就打盹了，我就会小声开个玩笑，或者拍拍他的肩膀提醒一下；如果发现有的同学仅仅是"不走心"地在背诵，比如背诵语文的诗词，我就会把他叫过来，一起坐在教室后面，比赛一下谁背得快，刺激一下那些耍小聪明的、心不在焉的学生。对于那些自尊心极强的孩子，我会故意地背错，然后表扬一下学生"你厉害啦，老师佩服，加油！你是最棒的啦！"发现哪个同学情绪特别低落，我就一个手势把他引到走廊里，聊一聊，让学生在最短的时间内振作起来。如果一切都 OK，我就坐在讲台上备备课，做做题，找点写作的小灵感，效率极高，一早晨下来，收获颇丰。有一点我觉得效果不错的做法：早读的最后几分钟，我们称之为"说课"——同桌或前后位之间互相提问早读背诵的内容要点。基础年级时是最后5分钟，到了高三最后10分钟用来说课，到了高三最后冲刺阶段，每天拿出15分钟，提问的内容扩展到能想到的某一学科的所有重点内容。

（2）巧用课间10分钟——课前早来2分钟，课后晚走2分钟。为了便于班主任管理，我们一般是班主任的办公室和教室尽量安排在一个楼层。班主任进班最好是一副很随意的样子，而且不要让学生揣摩出规律！例如，我教1、2班，我是2班的班主任，那么我课前2分钟会先到1班，然后溜溜达达地进了2班，很随意地和学生聊几句，观察一下学生的状态：谁又趴在桌上了——困了？还是情绪不好？为什么？谁和谁又聚堆了？这样便于班主任及时发现问题，及时解决。

（3）晚读晚走半小时——晚上6:00—6:30。寄宿制高中，晚自习之前都有半个小时的学生自主学习时间。我们级部每周一到周五，6:00—6:30放英语听力，我一般选择在听力时间转一转，听力结束后，往往还剩5—10分钟，学生对完答案就容易说话或者打闹，我就召集数理化科代表开会，大家集思广益，决定三科轮流利用这一时间，由班里理科特别好的同学为大家讲解一道题，当然，题目是科代表请任课老师根据我班情况提前布置好，大家利用下午的最后一节自习课做完！

（4）晚上第3、4节课，"杀个回马枪"。我们学校的晚自1、2节，一个老师看一个班；第3、4节是一人看两个班。有的时候，我会早点回家吃饭，然后回来看3、4节（晚上8：30—9：55）。经常会有意想不到的收获。今年高考前的一个月，我几乎每天第3、4节都要到班里看看。越临近高考，有的孩子越坐不住，自习课出去上厕所的现象明显增多。有一个身高1.96米的大男孩尤其明显。我把他叫到办公室，没等我开口，他就说，"老……老师，我太紧张了，你抱抱我好吗？"（他一紧张就有点结巴）于是，高考两天，每一场考试入场前，我都会给他一个拥抱，就是一个拥抱，大家看我拥抱他，第二天都排着队向我要抱抱，当然，我知道，紧张的不是他一个，于是 6 号晚上，我利用最后一节开了个小联欢会，不谈高考，不谈压力，不谈紧张，教室里充满的是我们师生的欢歌和笑语。

2. 勤到宿舍转一转

我们学校的学生周一到周六完全住在学校。到了高三，孩子们两周回家一次。学生对老师的依赖是显而易见的：尤其是高一和高三。高一的学生就像是刚断奶的孩子，什么事都需要班主任手把手地教。高三的学生学业负担重，心理压力大。于是，我每天吃完午饭必然会到各个女生宿舍转转，时间不必太长，几句温馨的话，一个微笑，一个眼神，都会让孩子们感到安心。

班主任工作中的"懒"

"懒"并不意味着班主任懒惰、不作为，而是想方设法地去调动学生的积极性，挖掘他们的潜力，给予他们施展自身能力和才华的机会！我最深的感受就是：只要班主任敢于放手，孩子们的潜力绝对超乎你的想象！2016年我校英语艺术节闭幕式，演讲、歌唱等个人节目报的人较多，但舞台剧表演报的班级极少，大家既怕浪费时间最后选不上，又担心自己的口语欠佳，惹人笑话！我觉得这是个既能提高大家的英语水平又能培养他们自信心的绝佳机会，于是说服了我班的英语科代表，组队参加，孩子们最终选择了《项链》（节选）。从导演、主演到群众演员的选定，从台词的下载到排练场地的选择，从服装的租赁到最后的完美亮相，一次次让我见证了他们的努力、坚持和精益求精！如果说这过程中我做了什么，那就是帮忙校正了台词。本来还自告奋勇地帮学生去租服装，他们的一句话打消了我的念头："老师，您的眼光好像和我们不太一样！"孩子们放弃了清明假期的休息时间，每天在空教室里反复地排练，跟随录音模仿、纠正，主动地邀请老师们去观看他们的彩排，请老师们指出问题！演出结束，有几个男生对我说："老师，我发现英语挺好学的呢。"

做了多年的班主任，一般从高一下学期开始，班会由学生负责。我只是告诉他们下周班会我要解决什么问题，达到一个什么目的，其他的查资料、制课件、主持等全部由学生负责，最后可能我会稍加点评，或者请其他老师或者安排其他班委点评。

二、班主任工作中的"堵"与"导"

在走动的过程中，我会不断地发现问题，但我思考的更多的是，发现了问题怎么办？堵还是导？如何才能将发现的问题妥善解决，引导孩子们朝着积极向上的一面发展？例如早恋问题，相信这是每一个班主任都避不开的话题。带每一届学生，在高一下学期或者高二上学期，我都会针对这个话题举行一次活动。因为这个时候，学生已经从不熟悉到熟悉，抛开了羞涩，小心眼也开始萌动。2012级国学班高二上学期开学第三周，负责本周主题班会的3组同学就此举行了一场辩论赛。孩子们提前做了一个调查，"你认为高中阶段适合谈恋爱吗？为什么？"以便确定辩论赛的正方反方。结果怎样？全班43人，有21人赞同高中阶段谈恋爱。辩论赛进行得很激烈，一开始赞成的一方还是论据很充分的，结果辩到最后，大家的意见竟然统一起来——那就是高中阶段谈恋爱，弊大于利。道理大家都明白，但是爱情来了，是谁也挡不住的！那怎么办呢？对于班级内部谈恋爱的，我一般采取以下方式：

1.将恋爱双方发展成"竞争对手"

2005年我接高二，下学期，班里的一个男生喜欢上了我们班的女班长。男孩很苦恼，主动来找我，"老师，我一听到她的声音就不行了，心脏狂跳，怎么办啊？"我也很犯愁："教室就这么大，在哪个位置都能听到女孩的声音，换位肯定是不行的！"我灵机一动，男孩的数理化非常棒，绝对级部前5名，可是英语太差，还不到70分！而女孩的各科都不错，英语尤为突出！我对男孩说："你真喜欢她？你看，你现在虽然数理化不错，但总成绩不如人家，英语尤其差，哪个女孩会喜欢不如自己的男生？如果你在这学期末总成绩追上她，英语考到100分，我就答应你去追她！这学期老师替你监督她，保证她不会喜欢别的男孩。"这个男孩开始拼命地学习，刷题，背英语，早读，我在一楼都能听到他在5楼背英语的声音。高二期末全区统考，他考了区第三名，英语107分，而且，我发现他好像把女孩忘了！多年后，一大帮男孩选择光棍节那天来看我。其中就有那个男孩，说起当年，他说，老师，后来我发现我好像没那么喜欢她了！

2. 动之以情，晓之以理，促其和平分手

这种方法适合恋爱初期，且胆子比较小，性格比较柔弱的孩子。有一年元旦，班里联欢，孩子们在跳舞，教室的灯很暗。我上厕所回来发现班里平时很文静的一个男孩，在拉一个女孩的手，女孩拼命地往后拽。我当时震惊极了！这两个孩子一直是老师们眼里的乖宝宝，优等生，怎么办？我想了想，决定分别找他们聊，尽量不影响孩子们的心情。第二天我抽时间，分别把两个孩子叫到隔壁的小办公室，假装什么也不知道，慢慢地聊着，发现他们刚刚开始对彼此有好感，都还很矛盾，怕同学知道，怕家长知道，怕影响学习等等，我于是给他们讲故事举例子，然后趁着周末座位调整，将两人拉开了距离，事情也就这么过去了。

3. 约法三章，将影响降到最低

当然，有一种情况让人很头疼：多次谈话无果，动用家长无效，依然我行我素惹得同学们受不了，跑来找我反映情况。于是，我就只好把他们调成同桌（这个做法我觉得值得商榷，但有时真的无可奈何，只能出此下策。希望大家能给我更好的建议），然后约法三章，不得在教室里有任何越轨的行为，跨班和跨级部的就比较复杂了。

三、班主任工作中的"强"与"弱"

班主任工作中的"强"。听过一个专家的关于班主任素养的讲座，里面有两句话特别打动我：上学生喜欢的课；做学生喜欢的人。个人以为班主任的"强"表现在以下几个方面：

1. 让学生喜欢

（1）做一个好的陪伴者、倾听者和导引者。现在的学生道理懂得很多，见识也很广，但很多孩子经不起挫折。因此，班主任需要根据学生的情况充当不同的角色：有的学生心理很强大，遇到问题能自己调整，那我就只需要充当一个好的陪伴者即可；有的学生尤其是女孩比较脆弱，遇到挫折反应会比较激烈。2004年送高三，我带文科班，我们班的杨同学，是个学习非常认真刻苦的女孩，数学比较弱。当时一周数学两考，难度比较大，每次考完，她都会跑到我办公室大哭一场，诉说着自己的委屈和不甘。每次我都是静静地听着，不断地递着纸巾，安抚着，然后在给点儿建议，周而复始。

（2）善做读心者。作为班主任应该学点心理学，可以更好地了解学生。平常没事的时候，我喜欢观察孩子们，看他们的表情、小动作，猜他们在想什么，自己该在何时发声。2017年高三下学期，我发现，随着压力的增加，较之男生，女生更容易被情绪左右：学习的期望值过高，对前途的担忧，情感的困扰等等，使之变得焦虑、忧郁、胆怯、爱哭甚至易怒。这些情感导致学习障碍，思维紊乱，经常处于无效学习的状态。针对这一现象，我为女生做了题为"让青春的花儿开得更鲜艳"的专题讲座。

（3）上好每节课。班主任确实忙，大部分的精力被班级事务占去。但我的底线是绝对不能耽误自己的教学工作，绝对不打没把握的仗——就是绝对不允许自己没备好课进课堂。今年刚送完的高三，我带科技班——我校成绩最好的班。学生做题快，反应快，经常会有新想法提出！为了跟上他们的节奏和思路，每一套题，我至少做3遍——学生做之前，利用早晚读等，我做第一遍；学生做完，收集错题，有针对性地做第二遍，做好标注，详讲略讲；上课之前再看一遍。很多时候，为了调动学生的积极性，让学生讲题，但我同样做三遍。学生哪些能讲到，哪些讲不到，能讲到什么程度，需要补充那些，我都会先预设好，以便掌控局面。我的严谨的态度反过来影响带动着孩子们。

（4）树立终身学习意识，与学生共成长。科技班的学生重理轻文，自视甚高。对于他们不喜欢的课堂，他们一声不吭，保持缄默，但如果喜欢你的课，或者觉得你水平很高，能力很强，他们会自发地报以热烈的掌声。送了十几届的高三，感觉这一届对我的冲击最大。全国卷英语试题，对学生和老师都提出了极高的能力方面的要求，另外，英语学科涉猎多个知识领域的特点越发突出，文理融合，除了本学科的专业知识，还需要英语老师懂数学、物理、化学、生物等多各学科的知识。如我高中是学理科的，遇到理化生方面的问题，我比较得心应手；但像地理知识就是我的短板了，遇到我自己解决不了的问题，除了求助网络，其他学科老师，我更喜欢把机会留给学生，既给了学生信心又融洽了师生关系。我也真的体会到了"教学相长"这一道理！

（5）打造积极向上的班风。每新接手一个班级，我都会针对实际情况提不同的目标要求，以便让孩子们明确自己这一学期甚至高中三年的努力方向，以后的日子里，我会通过各种各样的活动来强化这些要求。今年我接手了我校的首届自招班，报到那天，我准备了一个课件，背景音乐是《相亲相爱的一家人》。课件很简单甚至粗糙，但我要向孩子们传递一个信息，今后的日子里，我们是一家人，我们一定要团结一致，相亲相爱！我传递给孩子们的第二个信息是：做人，做阳光大气积极向上的人！所以，我把班级的微信群命名为"阳光大气的高一3班娃娃"。

打造良好的班风，我觉得班主任还需善用班级干部。这几年，我们级部一直在尝试着调动几乎班级所有的同学都参与到班级管理中来，我也一直在这样做。但不管怎样，我认为在我们学校，有三个常务班委班主任必须选好用好——常务班长、卫生班长、体育班长，因为这三个人的工作基本涵盖了班级工作的日常事务。

2. 赢得学生和家长的尊重

（1）率先垂范，言出必行。要求学生做到的，自己一定要做到。2007年高三下学期，学生中普遍存在着一种焦虑情绪，同桌不小心碰一下，好友随口一句话，都会引发无名的心火，不少同学因此静不下心，学不进去。我于是提出"微笑面对每一天"，而且宣布从我做起，请学生监督！于是每天进教室前，我先深呼吸，调整好自己的表情。在我的带领下，越来越多的同学学会了面带微笑，化解了矛盾。慢慢地，学生们接受了，也理解了我的苦心。

（2）掌握主动权，家校共育人。老师是孩子一阵子的老师，家长是孩子一辈子的老师。家庭是最好的教室，家长是最好的老师，德行是最好的课程，言行是最好的教材。我也经常通过微信、QQ、短信等与家长保持密切联系，但最近发生的一件事让我意识到"文字有时候过于冰冷，缺少温度，不如面对面的交流效果更好"。2017年7月23日新生报到，接下来的几天里，在自招生家长群里一直有部分家长非常不安，对于班级人数的变化、师资的配备等等提出质疑。这一点可以理解，毕竟我们第一年自招，家长对我们学校的了解还不够，但态势愈演愈烈，我担心家长的情绪会影响到孩子，试想，学生还没有正式进入崂山一中开始学习，就已经思想有波动了，对学校产生了质疑，今后的三年孩子们怎么会去热爱这所学校和老师呢？于是，我于27日晚上召开了家长见面会！在征得领导同意后，我针对家长们的疑问进行了解答，站在为了孩子成长的角度上谈了自己的想法，强调了家校联手的重要性！家长会从晚上6:30开到9:30，最后，家长们高兴地离开了。此后，微信群里也安静了。

3. 会管理自己情绪

我是个急脾气的人。随着年龄的增长，我越来越发现，做班主任要学会管理自己的情绪。年轻时年少气盛，学生犯了错误，可能会揪过来打两巴掌。近几年，年龄大了，脾气却没变小，感觉真的是青春期遇到更年期了。有的时候火就那么突然地被学生点燃了。但我的亲身经历为我敲响了警钟——务必学会管理自己的情绪，冲动真的会成为魔鬼！2016年冬天的一个早读，级部通报了早晨6点迟到的名单，其中有我班的一位同学。我班同学几乎从来都没有迟到的，这个孩子是班里的公物部长，各方面表现不错。我当时很愤怒，把他叫到走廊里，但我决定给他一个解释的机会。他告诉我："老师，我其实可以不迟到的。我去洗脸，发现一个水龙头坏了，关不上了，水哗哗地流太让人心疼了。我就去找舍管大爷要了个扳手，把水龙头拧上了，就来晚了。"我很庆幸，我没有伤害孩子美好的心灵，我很惭愧，真诚地向孩子道了歉。

班主任工作中的"弱"。 当班主任，一定要学会示弱。我们学校，每年老师都得换办公室，我的电脑都是我班学生给安装好、调试好，确保没问题。平常有什么软件问题啊，出点儿小毛病啊，我都会向我班的学生求助。上课时，多媒体出故障了，只要我一个眼神，电教管理员噌地就上来了。当然，我会表示感谢，你看学生的表情，可满足了。

四、班主任工作中的"恩"与"威"——做胸怀大爱且会爱学生的班主任

爱学生，是每一个班主任必备的又一个素养，对我来说，爱学生是一种情感，一种责任，一种奉献，最终成为一种习惯。爱学生，使每一个孩子成为被爱的焦点是我的追求。但会爱学生，尊重、理解、宽容、勉励他们，从而促进他们的成长更是我最终的目标。2012年带国学班，第一次参加升旗是在军训期间，当国歌响起，整个级部12个班，只有我班的孩子们主动摘下帽子。抓住这一细节，我对孩子们大家表扬，表扬他们素质高，有礼貌，具有强烈的集体荣誉感等等！从那以后，孩子们对自己的要求更高了，常规检查，我班几乎从不扣分。高一上学期，校长杯篮球赛，我班本就男生少，好不容易凑齐10个队员，没想到开场就遇到级部最强的一支队伍,铩羽而归。我知道孩子们很难过，为了鼓励他们，我自己掏钱到学校小卖部买了士力架（意在吃后满血复活），又让班长提前组织全体女生，在教室后面排成排，每人手里拿着一个纸牌，组成两句话："虽然输了，但在我们心里，你们永远是最棒的男子汉！"

现在的孩子，从小到大，大都在一大群长辈的呵护中长大。但每一个班里，总有几个家庭情况比较特殊的孩子，他们敏感，细腻，所以我会选择于无声处，给这样的孩子多一点关爱。我们班王同学，家里姊妹多，她是老大。父母能供她上高中已实属不易。为了节省生活费，她中午放学后到学校后门的小饭店帮助卖饭，店主则为她提供免费的午餐。发现这个问题后，我没有正面找她谈，而是每周悄悄地给她在书里夹上20元钱。班里有心的同学发现后，也学着我的样子，隔三岔五地帮助她，但都不留姓名；有时候家里做了好吃的，我会以不同的名义约她和其他同学一起到家里来改善一下生活。刘同学很小的时候父亲因病去世，他在我面前多次流露出不想继续上学的念头。我经常找他谈话，叫他到家里吃饭。我们俩的老家离得很近，每一次学生放假回家，我都选择和他一起回去，目的是为了帮他买回家的车票。

班主任每天都在做着琐碎的事情，但我真诚地希望那不仅仅是在消耗生命，更希望能发出一点点亮光，为孩子们照亮前行的路！我一直希望能用自己的人格魅力来影响学生，希望他们不管走到哪里都能展现着我们做人做事的风格。

高三一模后班级工作的几点做法

青岛一中　尚妮娜

时光荏苒，又一届高三送走了！我回忆了一下去年这个时候所做的班级工作，和各位老师分享。

一、从细节处抓常规工作，保持班级的稳定。

我们的常规工作从高一抓到高三，学生们对于哪个时间段要做什么事情基本上都心中有数了，这时候我们班主任除了继续督促，更应该从细节上下功夫。

比如说，早自习前的 7：00—7：10 是我们班的收作业时间，我会在作业交到任课老师手上之前以最快的速度先查一下（作业是否认真、步骤是否清晰、答题是否规范、疑难问题是否用红笔画出来），把我认为作业有问题的同学名字记下来，尽快与任课老师沟通，及时督促学生整改。这样既提高了作业的质量，又保证了第二天上课的效果，帮助学生在复习中形成一个良性的循环。

再比如说，晚修计划本。我们的学生大部分是有明显弱科的，他们不仅仅需要完成作业，还要每天拿出二三十分钟来补习一下弱科。但是很多学生会抱怨连作业都做不完，没有时间等等。针对这种情况，我在班里做了硬性的规定，每个同学建一个晚修计划本，晚修前根据黑板上列出的各科作业自己做计划，不光是列出计划，更重要的是每项计划要有备注，注明完成情况和如何调整剩余时间，我还要求学生把每天解决不了的问题记在下面，同样要有备注，尽快解决一个划掉一个。这个计划本我一周会收两次，写上鼓励的话或者建议。就这样，通过一个晚修计划本，保证了班里的晚修纪律、提高了学生晚修学习效率、促进了我和学生的交流，也做到了限时完成各科作业。

二、利用好小班会和班里的各项设备给学生有针对性的指导、鼓劲。

到了这个时候可能很多老师都不舍得每周拿出一节课来开个班会，那我们就可以用 15 分钟到 20 分钟来开个针对性强的小班会，去年的 4 月份我们开过一个"你的优点我来学"的接龙班会，让学生起来说他们所发现的某一个同学在复习中做得特别好的地方，我发现孩子们比我们老师观察得更仔细，说得也更到位，而他们所观察到的好的复习技巧恰恰是我想在全班提倡的。通过这样的小班会，学生们可以互相学习、自我调整，而且很多方法可以马上用到自己的复习中，可操作性强。

另外，鼓励学生的话、打在投影上的标语、贴在墙上的材料等等，我都会尽量选择有针对性的，不要泛泛而谈。一模我们年级曾经要求每位家长给孩子写一封信，我把有些句子摘录下来，每天早上投影打一句，学生们很容易就会有所触动，产生共鸣。

三、两点提醒

尽量用正面的情绪去感染学生，不管面临多大的困难，把它藏好了，进了教室就要面带微笑，给学生积极的心理暗示。

学生的身体和心理健康是同等重要的，有了好身体才能出大力吃大苦，能让学生出去活动的时候就尽量全赶下去，保证学生身体的可持续发展。

青春科技　立足卓越

——青岛二中分校 2015 级科技学院工作分享

青岛二中分校　宋雪莲

谈到青春，让我们想到朝气与活力，想到激情与斗志，想到拼搏与驰骋，想到梦想和希望……所以在接手学院工作时，我就希望我们 2015 级科技学院是充满朝气与活力的学院，是不断发展和敢于拼搏的学院，是怀有梦想追求卓越的学院！

一、走心精神文化铸其魂

如果学院是一艘轮船，那么精神文化建设则是高悬的航标；如果学院是一个人，精神文化则是其灵魂，建立有一定内涵能走进学生心里的精神文化至关重要。这是我们的几点做法：学生自己创办的学院报刊——《科技风云榜》，分为学院快讯和风云人物两个栏目，每期风云人物学生可自己申报也可由院委提名（风云人物指各个方面表现优异的学生），由院委会集体审核的方式产生，这极大地激发了学生拼搏争优的精神。我还将报刊及时分享给家长，让家长了解我们的学院，了解孩子的发展。两周一期，目前我们出版了 13 期。我们学院建立的小组成长日志本，学生随时记录自己的成长点滴，我也每周留言加以指导和鼓励，感受彼此的苦乐，珍藏走过的印记。携手学生家长参与文化建设，让鼓励和期望陪伴学生成长；通过心灵花园栏，将好的文章、格言、感悟及时分享，激发学生进取精神；紧抓宿舍和小组两个基本单元，通过宿舍文化、PK 栏以及荣誉榜等激发学生敢于挑战、奋力进取的精神。

针对院委会上提出以往班会过于形式化的提议，确定了以学生需求为主，围绕学生身边的事开展实效性班会，确定了青春主题。例如：针对学生节后晚自习不在状态的情况，我们召开了"不奋斗，你要青春干吗"班会；针对两个学生打篮球发生矛盾的事，我们召开了"青春的暴怒"班会；针对期末应考，我及时邀请刚获知高考成绩的高三理科学生黄新宇来给我们进行学习经验交流；因为学院出现的早恋等问题，我们召开大型院会"青春的懵懂"。

二、务实制度建设立其行

1. 想要学院这艘轮船顺利航行，离不开制度的保障

我们制定的制度有学院管理规定、学院 Pad 使用管理办法、优秀小组评价办法等等，量化的有纪律量化、卫生量化、课间操量化等，并将量化与学生个人信用评定挂钩，由不同院委负责执行，每周由学院长汇总公布量化结果，并及时表彰。

2. 在制度制定和实施中，要注意宽严结合，科学施爱，人性管理

制度制定实施需要学生的认可，家长的支持。每次制度制定要全员参与、通过方可，并要做好和家长的沟通，使其得到支持。例如：我们一个宿舍因为多次违纪，按照我们学院规定需要整体走读，我就给这个宿舍的每个家长写了一封信，说明所在宿舍存在的问题，宿舍管理对孩子成长的意义，采取此措施的目的——诚恳说明，这样院规实施中得到家长们的理解和支持，起到应有效果。

3. 一个制度需要从制定、实施、反思、修正等方面进行系统化的工作，这样的制度才是可行的务实的，避免了流于形式或过于僵化

这是我们学院院规制定的几个要求。像"我心中理想班级"的演讲，让同学明确学院发展的目标，接着带领大家讨论院规及具体量化标准，然后实施后反思修正，最后院委分工落实。只有有始有终的系统化工作才会将院规落于实处。

三、创设环境促其长

1. 作为学院顾问，我认为成长是永恒的主题

我对学院顾问角色的理解是做一个会放风筝的人。当风筝遇到困难快要跌落时，需要我们跑起来，带动它重新飞起来，恰如当学生遇到困难时需要提供帮助；当风筝偏离目标遇到障碍物时，需要我们拽它一把，让它回归正确方向，恰如学生犯错偏离正确道路需要拉他一把；为让风筝飞得更高，我们需要不断跑动，给其新的动力，正如我们教师需要和学生一起成长。

2. 因人而异，创造不同契机，促学生成长

每个学生都是好学生，当他迷茫时，我们要利用和创造契机让他走过迷茫，学会成长。我们学院李同学，刚入学不久就和高二的一个女生走得很近，上课完全如梦游，纪律上也非常散漫，这种状态导致他学习下滑严重，他父母为此非常焦虑，不断批评指责他，亲子关系非常紧张。有一次晚上 11 点他妈妈打来电话告诉我，孩子离家出走了，好容易找回来但死活不进家门，让我劝劝孩子回家，经过我耐心劝说孩子回家了，但我却失眠了。我一直思考为什么他会这样？怎么样才能让他转变？我认为和女生走得近不是问题关键，关键是他没有目标，在学院中缺乏存在感和自信心，主要精力偏移，必须寻找一个契机把他吸引回来。恰好，我们学院正在排练舞台剧，于是我就积极让他参与舞台剧排练，并且利用课余时间，和他一句台词、一个动作、一个眼神的一点儿一点儿磨戏，最终他获得了最佳男主角的称号，而这次活动让他找到了一定存在感，也进一步拉近我们之间心的距离，我趁机又找他深谈了一次，帮他确定阶段性目标，他的点滴进步我都会及时肯定表扬他，慢慢地他不再梦游了，学习有很大进步，从级部 200 多名到 100 多名逐步到 80 多名，他变得越来越自信和阳光，和高二女生也自动疏远了。

我们学院男孩子多，对于男孩子鼓励尤为重要。我经常在对学生和家长说的一句话是：我有福气，遇到一群特别好的学生。这既是我发自内心的一种肯定，也是一种正向的暗示。

张同学是单亲家庭，缺乏自信，一遇到困难就退缩。他被选拔去了二中游学，去了没几天，就给我打了好几个电话，原来阶段测试成绩让他有些崩溃，并且沮丧地提出要回学校，我先安慰了他，鼓励他将没学的内容自学赶上，让他正确理解二中游学的意义，认真决定是否返回学校，我是担心他因为一时的冲动退缩失去锻炼挑战的机会。我又和陶妮老师联系二中数学老师

给他补数学，并经常短信留言鼓励肯定他，他在二中的适应越来越好，正如他在二中游学感悟中写道：永远不知道自己的潜能有多大，去二中竟然发现自己自学能力有这么高！这种克服困难敢于挑战的精神将成为他成长中的一笔财富。

3. 成长就要允许其犯错

学生在成长过程中难免犯错，而作为老师能够理性、宽容地对待非常重要，而不是喋喋不休的指责和呵斥。我对犯错误同学的要求是能够认识到错误，知道从错误中学到什么，然后去改正就好。所以我们学院很少出现犯错后不认错不改正的情况。

4. 成长需要不断反思

反思是成长中必不可少的环节，通过反思学会调整和改进。例如这是我们学生针对院规实施中的反思，这是阶段性反思，这是学生学期前制定目标实施后，重新下发自查跟踪性反思。

四、善于发现学生潜能激其创新

1. 善于发现和挖掘学生的潜能

作为教师要有一双慧眼，要善于发现学生的优势潜能，在适当的时候帮助其发出应有的光彩。例如我们学院的张同学，不是特别主动，当时艺术节主持选拔时我鼓励让他试试，后来入选了。还有我们学院窦同学，也是我积极力推让她参与演讲，结果她获得演讲卓越奖。

2. 通过卓越成长计划、风云榜等活动激发起创新潜能

开展卓越成长计划活动。我们先后通过卓越计划制定、卓越榜样学习、卓越成长在行动、卓越成长表彰系列活动，全面促进学生发展。在卓越榜样学习活动中我们邀请到学习方面、领导方面、个性发展方面等优秀的学生进行交流，并且每次活动都邀请家长参加，寻求家长支持和帮助。我们通过具体活动促进卓越成长：①争做学科之星；②争创优秀小组；③争创文明宿舍；④争做卓越明星。这些活动激发了学生创新争优热情。积极组织学生参加各项活动，在机器人比赛、头脑奥赛、创新大赛、课题研究、校园艺术节等各

个活动中都大力支持学生参与，2015年科技学院获得很多奖项。

五、打造卓越幸福学院，使其感知幸福

1. 幸福是能够得到理解并理解别人

幸福是每个人追求的目标，而作为学院能够让自己的学生感到幸福也是我们追求的目标。幸福是什么？幸福是能够得到理解并理解别人，这是我们以对话为主题推出的系列活动，学生与老师意见不同，我们学院提倡主动出击对话，听取老师对我们学院课堂学习的意见，将同学们的意见反馈任课教师。

2. 幸福是我因学院而自豪，学院因我而骄傲

幸福是我因学院而自豪，学院因我而骄傲，自我价值得到认可才能感知幸福，于是我们提出"创卓越学院，争卓越个人"的目标，并且进行了系列活动。

3. 幸福是源自人与人相互间的点滴关怀

每月为学生举办的集体生日，给教官书写一封感谢的信，将鼓励的评语分发给每个学生，同学们共同书写珍藏成长日志，举行亲子游戏，这些活动不自觉地增进师生、同学、父母和子女之间的感情

4. 幸福是学会感恩与反馈关怀他人

我们学院好几个任课教师说学生很贴心，真的是这样，记得我带机器人比赛时，学生因为没拿到很高的名次，非常歉意地说："老师，对不起，我们没拿到很好成绩。"我真的很感动，我觉得名次不重要，孩子能够体会到你的付出，他们感觉因为你的付出没给予回报而抱有歉意。这种关爱和感恩，学生无论在何时何地都会得到体现，仅同学即使去二中游学期间，仍然牵挂我们学院，利用二中资源给同学们推荐英语学习软件，并将二中的学习资料分享到学院QQ群，还将数学学习资料拍照发给老师；李同学在二中新的班级，利用自己的英语书写特长写明信片在运动会上给所在班级赚取班费，离开时也给每个学生留下了英语书写的明信片。

我们会慢慢变老，但是希望我们拥有一颗青春的心。愿你永远青春，愿我永远不老，愿你的青春之树，能以爱与希望为根，以智慧与愉悦为枝叶，努力成长，尽情招展！

实验班教学管理工作的几点思考

胶南一中　高玉刚

根据学校领导的安排，我担任了高三 14 班的班主任。一年来我与班里 40 位同学风雨同舟，和衷共济，取得了可喜的成绩。看着同学们陆续收到了理想大学的录取通知书，莫名的欣慰和巨大成就感涌上心头。整理记忆碎片，回顾这一年的点点滴滴，下面和大家分享四个方面的内容：

一、巧妙出招创佳绩

作为班主任，在班级工作中需要有思路有办法。在日常工作中我经常巧妙出招，想尽各种办法提高学生的积极性和主动性，营造积极进取的备考氛围。

一接班，我就积极开展理想教育。召开了主题演讲班会——我的理想，我的大学。让每个学生走上台来，畅想自己未来的大学，阐述自己的人生理想。忘不了班长在做《我的清华梦》演讲时，在全班同学面前高喊"我要上清华"的誓言。在最后拼搏的日子里，他也确实严格要求自己，践行着这一理想和誓言。

管理学上有一种拧螺丝原理，螺丝不可能一下子拧死，只能不断松，然后不断拧，才会最后到位。学生的学习劲头也不是一步到位的，是一个不断松懈然后不断强化的过程。所以我就七天一个长班会，三天一个短班会，不断地培养强化学生敢于吃苦、敢于拼搏的精神，充分利用班会的时间，设计不同阶段的演讲主题，"感受高三""阶段学习反思""激情拼搏""爱上高三、爱上拼搏"等，既给学生吐露心声的机会，又在班级形成一个良好的备考氛围。

我还和同学们一起欣赏了 2013 年的优秀毕业生制作的激励学弟学妹们的视频——《梦，开始的原点》，学哥学姐的话跟同学们产生了强烈的共鸣。

学生激动地跟我说，老师，太励志了。当然，爱心需要传递，最近我们班学生正在制作微电影《有梦相随，永不言退》，以激励下一届的学生。

同时，我还经常通过班级集体宣誓，培养学生的自信心，让学生相信自己一定能行。当同学们高声喊出高考冲刺誓词的最后一句话"天空飘着七个字，拿下高考不是事"的时候，一种自信豁达也在充溢着他们的胸口。

二、齐心协力谋发展

一只竹篙，难渡汪洋海；众人划桨，方能开动大帆船。班级的成功不是我一个人的成功，而是我们全体任课老师共同努力的结果。

在这里，我还要感谢张翠红老师，是她用妈妈般的关怀给了每个学生以信心和力量，让学生在高考冲刺的路上有了一个心灵停靠的港湾。也是她，用娓娓道来的化学课堂让每个学生心安。感谢潘哲老师，永远忘不了那些并肩作战、风雨同舟的日子，很艰苦，也很快乐。感谢徐桂燕老师、宋新萍老师、苏伟老师，是他们细致规范的教学，无微不至的关怀，让学生拼搏的日子不再单调乏味，有勇气有魄力去面对一切挑战。我想对他们说，有你们，真好！高三虚拟班办公室里的正能量，也在不断地感染熏陶着每一位学生，助力他们一步步走上成功之路。

多方齐心，其利断金，家长的力量也不可小觑。我主动地与学生家长保持着不间断的联系，充分了解每个家庭对学生精神状态的影响，在引导学生健康发展上增强了工作的针对性。

我还充分发挥往届毕业生的模范作用。精心组织往届的优秀毕业生来班内做学习经验和方法的交流，2013级毕业生刘同学的"你想要怎样的生活，取决于你怎样'作死'你自己""听老师的话，别让自己受伤"等话语极大地调动了学生学习的主动性。

三、严慈相济同进步

作为一名班主任，我一贯对学生严格要求，以严导其行，以爱温其心。学高为师，身正为范，我不仅要求学生诚实守信、认真学习，在做人和学业上力求做到最好，而且自己身体力行，要求学生做到的，自己必须先做到，时时处处做学生的表率。

作为同学们的"大家长"，不仅需要从学习上，而且需要从生活、思想的各个方面关爱每一位学生，帮助同学们认识自我，完善自我。我一直教育我的学生，做人需要像古代铜钱那样，做到内方外圆，学生受益匪浅。我也一直教育我的学生，对待人生中的困难，都需要做到"看淡，放下，随缘"，这深深地影响了高考路上蹒跚学步的孩子们，这也成了我们班级的精神核心。

平时，我也经常到学生寝室里，嘘寒问暖，了解他们的生活情况，发现问题及时沟通，及时解决。

四、全面撒网，重点培养

作为实验班班主任，全面调动学生的积极性，全面提高全班学生学习成绩的同时，更需要对成绩好的学生重点培养，在开学初，我就建立了"尖子生"学情档案，及时进行总结反思，并且每月都要结合学生的反思，有针对性地与每名学生进行一次笔谈。

平时对他们以鼓励为主，多谈话、多检查，发现问题及时纠正，发现进步，充分表扬，同时利用每次模拟考的成绩，进行个案分析，帮助成绩优秀学生建立自信，树立信心，发现弱点，分析原因，找到改进办法，使学习成绩保持上升趋势。

如何创建一个幸福的班集体

崂山一中 马千里

2017 年的暑假，非常辛苦，天南海北到处跑，在旅途中不断地学习和提高。走进不同的课堂，走进不同的学校，用眼睛看，用耳朵听，用心去感受，除了感受名校的管理、教学特色，接受专家、名师的熏陶和感染之外，我更看中的，是在旅途中感受和提升自己的幸福感。

教师这个职业，一年当中最让别的行业羡慕嫉妒恨的，可能就是寒假和暑假了，你要是在朋友圈中再晒一晒暑假考察学习的照片，那你的招恨指数立马再上升两个数量级。可我想说的幸福感，并不是因为公费报销了差旅费，而是在学习中不断地印证或提升自己对于教育的理解和感悟，当你从名班主任的经验介绍中，看到自己也一直在做的事情，当你从专家的理论指导中，对自己所做的事情找到理论依据的时候，会让你产生一种"吾道不孤""高山流水遇知音"的幸福感。这种面对面的聆听、交流，不是阅读和网络交流所能够代替的。

在旅途中，我一直在思考和归纳一个问题：如何创建一个幸福的班集体？这个问题，我不敢说自己已经有了答案，只是把它作为一个奋斗的目标，希望在每一届学生身上不断地接近和完善。

一、如何做一个幸福的班主任

班主任工作的繁杂和辛苦，凡是干过这个工作的老师，都是最有发言权的人，我不想再渲染。可同样的工作，却有人干得很带劲，有人干得充满成就感，有人从中不断地学习和成长，不论是在我们身边，还是走出去学习，总能见到自得其乐、成绩斐然、充满幸福感的班主任，我尝试着总结一下他们的共性：①无论是待人还是做事，热情、认真、靠谱；②专业扎实，爱动脑，愿意尝试新办法、新技术；③在工作之外，有自己热爱或擅长的事情。

其实总结一下，你就会发现，第一点代表情感、态度和价值观，第二点代表能力和方法，第三点代表审美和情趣。这不就是我们要培养的学生的核心素养吗？核心素养可不是只对学生提的，对任何一个有追求的人，都是应该努力达成的目标。

能做到这三点，在领导和同事的眼中，你必然是一个合格乃至优秀的班主任，在学生和家长眼中，你必然是一个可信和可靠的班主任，在自己心目中，班主任工作必然不是一个负担，你也不会因为工作的繁杂和劳累而心生倦意、萌生退意。

总而言之，你得首先努力成为一个强大、有趣、幸福的人，才有可能成为一个幸福的班主任。说一些我个人的做法，供大家讨论和参考：

（1）无论是教学还是班级管理，不糊弄、不推诿、不逃避。分内工作追求尽善尽美，额外工作当成难得的机会。当所有人都觉得把事情交给你做，一定能得到一个满意结果的时候，你可能会比别人累，但你的收获一定远远大于付出。

举一个例子，2014年我带高一的时候，组织我们班的学生为当年参加高考的师兄师姐做过一个加油的视频。我带着学生写脚本、拍素材、后期剪辑，光拍摄并剪辑的视频素材就多达55段，还要配乐、制作字幕，前后忙活了两三个周，在高考前的最后一个周，当作礼物送给高三。为了做这个工作，我和学生牺牲了好几个周的课余和休息时间，没有人布置，没有人督促，但大家做得开心极了，对于2014年参加高考的崂山一中同学来说，这份来自师弟师妹的自发的礼物，一定激励他们考得更好！对于我和学生来说，制作过程本身就是最好的礼物，我们收获了新技能、新方法，我们结识了更多的朋友，传播了爱和感恩之情，体现了崂山一中薪火相传的同学情。

（2）珍惜灵光一现的想法，记录下来，考虑可行性，想办法实现它，你可能会获得很多意想不到的收获。

有很多班主任在带班的时候都喜欢制作自己的班级刊物，我见过很多，但都觉得很简陋，不好看，后来我就想制作一份自己满意的班刊，这就是后来的《国学快讯》《仰望》。

（3）保持开放的心态，不墨守成规、不用老经验应对新问题，能用新技术解决的问题，绝不用老办法。带班这么多年，我尝试过梦想银行、班级优化大师等很多的办法。

（4）坚持跑步、阅读，至少在一个方面，成为学生的榜样甚至偶像。

二、如何让学生在班级中感受到幸福

对学生来说，高中是非常辛苦的三年，课程内容多、学业难度大、学习时间长、考学压力大，又正处在青春期，生理和心理都在经历巨变，每一个孩子都很不容易，如果在学校里、在班集体内感受不到幸福，这种压力和变化会让他们不堪重负。在一种不幸福的心理状态下，任何教育活动和学习活动的效果都要打折扣。

如何让学生在班集体中感受到幸福呢？我是这么做的：

（1）通过形式多样、内容丰富的主题班会等形式，帮助他们适应环境、学会学习、学会制定目标、学会规划时间、学会认识自己、认识他人、认识世界，在潜移默化中，帮他们塑造人生观、价值观和世界观。让他们觉得，相信我说的，按照我说的去做，他们一定会成长为一个更好的人。

一个胸怀天下、目标远大、关心社会的人，才有强大的内心应对眼前的困难、直面社会的黑暗、寻找光明的未来。哪怕是一个简简单单的活动，作为班主任也要为它赋予意义、提供价值。

展示各类主题班会、读书活动、学习计划、考试总结、课堂笔记等学习素材。

（2）通过生日日历、教师节感恩活动、家长会等形式，让他们学会关爱自己、关爱同学、关爱老师、关爱家人。

展示班级生日日历、学生给我过的生日画面、亲子交流活动。

（3）将规矩与温情结合起来，把握好宽严的尺度。

该讲原则的时候，绝不轻易放过，例如破坏学习纪律、恶意伤人、顶撞老师、欺负同学、不请假随意外出等行为。

能私下谈话解决的问题，绝不在集体场合批评。

平等对待学生，对学生信守承诺，掌握好师、友的界限。

三、如何让老师在你的班级感受到幸福

（1）做好服务工作，花名册、课代表、座次表、成绩表等，电脑维修、手机使用指导、app 推荐。

（2）一对一交流、班级协调会，有需要就做，定期做，有交流就有反馈。主动帮任课老师解决问题。

（3）生日、节日时想着任课老师，班级活动时叫着任课老师，在学生、家长面前多宣传、表扬任课老师。

四、如何让家长感受到幸福

（1）沟通渠道要通畅，主动告知联系方式，建立微信群，让家长产生安全感。

（2）通过家长开放日，主动创造机会让家长了解学生在学校的动态。

（3）主动发现和解决问题，不让学生带着问题回家。

（4）把握好家校关系的本质，把握好与家长交流的方式、分寸，在家校关系中处于主动地位。

当然了，幸福的过程必然要有一个幸福的结果作为注解，才显得更圆满。高考之前，我为他们制作了这个打气加油的视频，祝愿他们在高考考场上创造辉煌。

这帮孩子，没有辜负我的期望，39 人全部达到本科线，29 人超过重点本科线，孩子们都如愿以偿地进入理想大学。他们在校期间，运动会、篮球赛、学生会、社团、演讲比赛，样样不落人后，玩得精彩纷呈；学科竞赛、国家专利，独占鳌头。

教育，是用教师的人格去影响学生的人格，用教师的能力，去唤醒和塑造学生心灵的过程。做一个幸福的班主任，创建一个幸福的班集体，带着一帮幸福的老师和学生一起成长，这是多么幸福的一件事。希望我的幸福，你们也能感受到。

我的班级我做主

崂山二中 韩江红

看到这个题目大家也许会认为这是一篇关于学生参与班级管理的文章，实际上是关于班主任在所带班级中所起到决定作用的一篇文章。

又一学年迎来了新一批的高一学生，作为新生，他们要遇到新同学、新环境、新老师，会有新心情，可是对于一名班主任来说何尝不是新的一切呢。班风对于一个班级来说是至关重要的，可是一个班级要形成一种什么样的班风这可是每一位班主任老师特别头疼的一件事情。

在假期期间我便找来了各种各样的关于如何做班主任的书来看，而且我还认真地做了笔记，确实学到了不少东西。边读边感慨作者说得太有道理了，但转念一想我在现实中能碰到一样的学生吗，在班级管理中也能发生这样类似的事情吗，作者的做事风格我学得来吗，作者的性格和我是一样的吗……一连串的问题不断地涌现在脑海。

在整整一年的班级管理中我遇到了各种各样的问题，用书中学习的方法来解决并不尽如人意。而且有时刻板地按照书上的去执行总觉得问题并没有得到很好的解决。同时我也清楚地明白自己并不是那种厉害的角儿，我确实应该有自己的特色。

"人之初，性本善。"人心都是向善的，在我与学生相处的过程中也是时时刻刻地感受到这一点。如果班里的每一个学生都能和善地对待一切人，一切事，那么这个班一定是一个班风正，学风浓，充满正能量的优秀班集体。所以我心中有了初步的想法，那就是"善"是我们班风的核心内容。

可是每个人心中的"善"所处的位置都是不同的,有的人性格中的"善"在表层，人们能很容易地感受到，可有的人性格中的"善"被长时间地压在了深处。在中学生这个群体中这种现象又格外地明显。如何把学生心中的善挖掘出来，让这些"善"始终存在于班级当中，这应该是一个班主任最看重的事情。

首先，要求学生"善"，班主任自己得处处"善"，而且是真正的善，让人从心底里佩服的善。身为班主任，对自己班级的集体荣誉极其地看重，对于破坏集体荣誉的学生极其地愤怒，可如何对待他们直接影响到了班级的管理。每个人都会犯错，解决问题的关键在于是他们怎么去认识自己的问题，周围的同学又怎么去认识这样的问题。"没有学生是故意犯错的"（《不做一个瞎忙的班主任》），记住了这一点班主任在处理学生的问题时就会从容许多，也会冷静许多，自然也就避免了一些过激行为。而且要时刻记住这一点，同时也要谨记在处理一个问题时一定不要把一个问题扩大化，时时抓住这个问题不放，如果这样会给学生一个"老师记仇，还斤斤计较"的印象，这显然和善是不沾边的。

其次，班主任要有一双敏锐的及时发现"善"的眼睛，而且还需要做到及时发现，及时肯定，并尽可能地把这一"善"扩大化。让行"善"的学生及时意识到自己的优点，并让它继续出现，让其他的学生知道这种行为是班主任肯定的，是需要大力提倡的，这样久而久之学生心底就会有一种正义的东西。这样的"善"实际上在一个班集体是随处可见的，小到学生在班里对同学对老师的帮助。扬善的同时还要"除恶"。这里的"恶"指的是班主任不希望在班里看到的一些不利于良好班风的行为。现在的学生对于一些基本的是非没有很好的辨别能力，比如及时完成作业，尊敬老师……如果学生在这些方面出现问题，作为班主任就应该严厉的制止，让学生知道一些基本的是非必须是要明辨的。这样学生心里才会有一杆公平的秤。

"不比成绩比进步"。学生在学校的主要任务是学习，如果学生不能把精力放在学习上，那么你要求他"善"也就无从谈起。因为学校里的绝大部分时间是老师在教授知识的，如果他自己认为自己的成绩过差就会放弃学习，在一天中近三分之二的时间都不学习，那他自然就会干一些不该干的事情，而这些事情必然是和"善"无关的。所以让学生觉得有希望，才是不放弃的关键。那就要给他们希望，"不比成绩比进步"就应该是他们前进道路上一盏永不熄灭的明灯。

这一切都应该是班主任所能左右的事情，我是班主任我决定了班级的班风，我认为"善"是班级管理的出发点，所以我要在班级中大力弘扬一切"善"的东西。同时也提高自己的修养，能以身作则，真正做到"我若盛开，班风自来"。

无用之用即为大用

崂山二中　刘晓黎

莫言在诺贝尔文学奖颁奖典礼上演讲时曾有一句话说文学最大的用处是没有用处，作为一名班主任，这句话也触动了我敏感的神经，我们经常在管理班级的时候，要自觉不自觉地帮学生遴选，什么是对他们有用的，什么是对他们无用的，哪些应该在管理环节就该扼杀于无形，然而，对于一个人的成长过程而言，有用与无用，实在是很难给予阶段性的评判。

我们班有一个男孩，斯文内敛，但学习不努力，自我管理能力也一般，但他有个爱好，就是做手工，在不喜欢的课上做，自习课也摆弄，回到宿舍也是以此为乐，虽不说是痴迷，但也到了我认为该干预一下的地步，所以，我找他谈话，给他讲现在学习拼搏的重要性，不要把大好光阴浪费在这些无用的个人消遣上，这个爱好最后会影响学习的……诸如此类的话，一开始他还点头称是，但依然不改，到最后我再给他讲道理时，他脸上居然有了一丝抗拒，颇有些不耐烦的意思，我意识到，是时候该改变一下对他引导的方式了，就在这时，我在一本教育杂志上看到了两个小故事：

（1）在华沙，一群儿童在嬉戏。一个吉普赛女巫托起一位小姑娘的手，仔细看了看说："你将会世界闻名！""预言"后来应验了，这位小姑娘就是后来的居里夫人。

（2）一位工人下班后被锁在"冷库"里，第二天被人们发现时已冻死了，而令人惊奇的是，那天根本就没通电，冷库里只是常温。

心理暗示的作用是巨大的，消极的暗示能扰乱人的心理、行为以及人体的生理机能；而积极的暗示能起到增进和改善的作用。

心理学家告诉我们，心理激励是一把挖潜启智、培养学生奋发努力、快速成长的金钥匙。

其实，世上没有什么准确的预言，是女巫给了居里夫人一种"你能行"的信念；那位工人则是自己害死了自己，觉得自己是死定了，绝望了的人，血液流通都是困难，这就是心理暗示的作用。看来心理暗示能引导人走向成功，也能致人死亡。

其实我们的学生又何尝不是如此，他们往往根据前几届考上的学生数量来判断自己升学有多大把握，假如上一届只考上了10个本科，那么班里20名以后的学生就会产生这样的心理暗示：完了，我肯定是没指望了。这就跟冷库里的那个工人一样，很多学生自己把自己给"冻"死了。

所以与其我不断打击这个男生的做手工的爱好，做消极的批判，不如转换思想以此作为激励的开始。又一次，班里的拖布坏了，好几个同学过来手忙脚乱也整理不好，我也亲自上阵，依然没修好，这个时候我想起了这个男生，我说，这个艰巨的任务就交给你吧！结果他来了以后三下五除二，就修理得整整齐齐，班里的同学大为赞叹。我也以此为契机，在班会上，表扬了他，我对同学们说：我们的生命中有很多外人看来无用的东西，然而若不危害他人，只要你真心喜欢的，并为之而努力求索的，或许正是你生命中下一个奇迹的开始……我举了很多名人因为坚守自己的爱好而最终有所成就的例子，并且告诉他们，他们正是因为心里充满了创造的欢愉，整个生命都勃发出激动人心的力量，做什么事，都会劲头十足，因为那些看似无用的东西，它可能是你生命中最大的惊喜，最大的收获！

这个男孩儿在下面听得很是激动，连连点头也若有所思，接下来的相当长一段日子，他都显得信心十足，也很努力地调整以前懒怠的自己，也积极和老师同学沟通，周身都洋溢着充满动力的因子。

美国教育家卡耐基说："使一个人发挥最大能力的方法是赞赏和鼓励。对于后进生来说，赞赏和鼓励不亚于雪中送炭，可以增强他们的信心和勇气，并从他们的内心激发出无穷无尽的积极动力。"

我更相信，有用与无用之间，本就没有一道不能逾越的鸿沟，看待这个概念的人，亦不能封闭自守，遇事能利害互为转化，趋利避害，这个本领要好好修炼，尤其是身兼教化之责的老师。

班级学生自主管理的设计与实践

崂山一中　吉爱中

党的十八大报告指出："努力办好人民满意的教育。教育是民族振兴和社会进步的基石。要坚持教育优先发展，全面贯彻党的教育方针，坚持教育为社会主义现代化建设服务、为人民服务，把立德树人作为教育的根本任务，培养德智体美全面发展的社会主义建设者和接班人。全面实施素质教育，深化教育领域综合改革，着力提高教育质量，培养学生社会责任感、创新精神、实践能力。"2016年国务院工作报告指出："要发展更高质量更加公平的教育。教育承载着国家的未来、人民的期盼。"著名教育家斯宾塞在《教育学》中曾指出："记住你管教的应该是养成一个能够自治的人，而不是一个要别人来管理的人。"

德育怎样落实呢？我认为，要通过落实落到教材里、课堂上和活动中，最终落实到人心里。作为班主任，应当树立面向全体学生、人人能成才、爱学生既爱其优点也接受其缺点、与学生一起成长、因材施教、宽严相济等思想。现代教育，要超越"灌输"型教育，以启发和引导为主，以教师的育人自觉启迪学生的成人自觉、立德自觉，才能真正将立德树人落到实处。马克思主义哲学认为，事物的发展是内外因共同起作用的结果，内因是根据，外因是条件，外因通过内因起作用。没有学生的主体意识觉醒和积极主动发展，培养德智体美劳全面发展的社会主义事业接班人的任务就难以真正地实现。坚持立德树人，必须充分认识、尊重和激发学生的主体性，培养学生的责任担当精神。

班集体是按照班级授课制的培养目标和教育规范组织起来的，以共同学习活动和直接性人际交往为特征的社会心理共同体。在学校教育中，良好的班集体对学生健康成长是非常重要的。班集体建设是班主任的中心工作。良好的班级管理对于培养学生自己的主体意识，发展学生各方面素质具有其他方式不可替代的作用，是学生发展个性、提高能力和培养素质的重要平台，是实施素质教育的重要阵地。

在数年班主任工作中，我对班级学生自主管理进行了尝试和完善，在学习我校张灿峰、姜振贵等老师经验的基础上，结合自身实践经验，逐步探索完善形成了一套班级自主管理委员会学生轮流值日制度，每天由两名学生代行班主任部分职权，全天候服务管理、监督班级各项工作及学习，并随时做好记录和反馈。引导值日学生把重心放在切实管理和引导上，而不是只停留在记录上；放在学生自我锻炼、自我培养的过程上，而不是简单地进行结果反馈，向班主任打小报告上。班主任要引导学生知道做什么，更要让学生知道做的意义和价值，明白怎么做才能做好，启迪学生在实践中反思改进。具体做法如下：

1. 要召开主题班会，进行全面动员

向学生明确目的：为充分发挥同学们班级主人翁精神，锻炼同学语言表达、组织管理、协调合作能力，实现班级管理规范化和制度化，促进班级同学们自我教育、自我管理、自我服务，使我们班级和同学一起健康成长，实行班级学生自主管理委员会轮流值日制度。

提出要求：值日同学代行班主任部分职权，负责班级各项工作，做到有责任担当，公平公正。先从班长等主要班干部开始，再到其他班干部，锻炼数周后在全班推行，让每位同学都有锻炼机会，都能换位思考，体会班主任工作和班干部工作的辛苦。

明确方法：前一天下午第七节课后大课间找班主任接受任务，在班主任指导下在班级讲台作就职演说和工作安排，按照表格落实值日内容，行使管理和服务的职能，完成一天工作后，在次日下午 4:45—4:55 做工作总结，及时反馈，值日记录存档备查。

2. 在具体组织实施上，还需要精心设计，发挥学生智慧，完善管理方案征询学生意见，每天安排男女两名同学代理班主任，培养同学之间的协调合作能力，又兼顾到班级男女生工作的方便，还能够增进男女生之间的了解，培养男女生正当友谊和健康的同学关系。

值班学生必须按时到办公室找班主任接受任务和指导，班主任要敢于把日常工作甚至重要工作布置给学生，并面授机宜，指导并鼓励值班学生大胆开展工作。这样能够加强师生间的交流与理解，便于班主任把握学情。一天后还要汇报值日情况，班主任对工作肯定成绩，指出不足，指导学生学会民主管理，在实践与反思中成长。

值班学生工作前要在全班进行不少于 5 分钟的就职演说和工作安排，值日后还要进行工作总结，主要是锻炼学生的语言表达能力，锻炼学生临场发挥能力，同时使值班学生开诚布公地与同学交流，对管理者和被管理者也是一种督促和约束，保证班级管理工作的公开、公正、透明。

为督促学生管理，增加针对性、切实性，设计值班表，从班级日常管理各方面下手等，督促值日学生及时落实管理，认真反馈在表格上，对上课的质量、效率、气氛，学生课堂反应情况等都要如实记录，既培养学生细心管理、规范管理的能力，又充当了班级自主管理日志，更便于反馈保存，使班主任及时了解班级的动向，为各科老师提供课堂反馈意见，做到师生间及时沟通，教学相长。

3. 自主管理日志最后附加"感悟建议"栏

学生值班后必须认真填写对班级管理的建议和意见，充分体现了学生班级主人翁的地位，也使学生切实感受到一天班主任工作的辛劳和自豪，一种发自内心的成就感油然而生。

附录：

厚德担当，在锻炼中成长

班级学生
自主管理日志

班集体，是我们共同的生活家园、学习家园、精神家园。崂山一中2017级12班，你、我、他（她），互敬互助，在这共同的家园中成长，同甘共苦，荣辱与共。在其中时，正当青春年少，碧玉年华，关心她，爱护她，为她吃苦，为她的耻辱心忧，为她的荣誉奋斗。光阴似箭，离开她时，你会有一丝留恋与不舍；想念她时，你会有一丝温暖，缕缕美好记忆涌心头……岁月如梭，流年如水，这种感情经过岁月长河的冲刷，非但不会消失，反而会越积越深，愈到不惑花甲之龄、古稀耄耋之年，对其思之愈切、念之益深……

"时光荏苒须当惜，风雨阴晴勤值历"，亲爱的同学们，让我们一起小心翼翼地呵护她，在磨砺中成长！

青岛市崂山区第一中学

高一12班学生自主管理委员会

导师：吉爱中

2017年8月

值班人员

星期	姓　名		
	甲组（第　周）	乙组（第　周）	丙组（第　周）
	月　日—　月　日	月　日—　月　日	月　日—　月　日
一			
二			
三			
四			
五			
六、日			

事　项

1.值班时间：16：45—第二天 16：45。

2.值班人员，每组 2 人，按时到班，佩戴值班标志，上岗值班。

3.卫生清扫时协助卫生部长做好卫生清扫和卫生指导工作。

4.每节课预备铃响，提醒仍在说话、没有做好准备的同学安静下来。

5.每天上午、下午到办公室、宿舍楼张贴栏查看纪律卫生检查情况，并做好记录。

6.自习课上，协助和督促各小组素质（纪律）组长管理好本组成员。

7.利用课间时间，查询第二天天气预报，记录并告知同学们天气情况，说明注意事项。

8.认真填写《班级学生自主管理日志》（一）与（二），第七节课后到班主任办公室做交接，接受指导，16：45—16：55到讲台前，做一天总结。

9.把《班级学生自主管理日志》和值班标志，交由下一组值班同学。

10.值班同学要有担当，负责任，公平公正，和各部长搞好配合，群策群力。

优秀班集体——幸福 12 班

1.学习风气——比学赶超、不骄不馁

2.师生关系——互相尊重、互相欣赏、距离有度、互励共进

3.同学关系——团结、互助、竞争

4.班级氛围——活泼、友爱

5.个人——厚德 当担 奉献 创新

6.班干部——德才兼备

青岛市崂山区第一中学

2017级高一12班学生自主管理日志（一）

时间： 　　　年　　　月　　　日　　　星期＿＿＿＿

值班人：＿＿＿＿＿＿＿、＿＿＿＿＿＿＿

	项目	优点	不足	解决措施	
学习	学习状态				
	作业完成				
	小组合作探究				
纪律	早读				
	正课				
	自习				
	课间				
	宿舍				
卫生	走廊				
	室内				
	宿舍				
上操	人数状态				
缺勤	因病				
	因事				
安全				明日天气	
其他					
我的感悟建议					

青岛市崂山区第一中学

2017 级高一 12 班学生自主管理日志（二）

时间＼事项	迟到	睡觉	说闲话	随便外出	临下课收拾东西
早上值日 6:50-7:00	不认真				
早读： 7:05—7:50	缺勤				
上午第一节： 8:00—8:45	迟到				
上午第二节： 8:55—9:40					
上午第三节： 10:05—10:50					
上午第四节： 11:00—11:50					
下午第五节： 13:50—14:35					
下午第六节： 14:45—15:30					
下午第七节： 15:40—16:25					
下午第八节： 16:45—17:25					
晚上听力： 18:00—18:20					
晚自习第一节： 18:30—19:20					
晚自习第二节： 19:30—20:20					
晚自习第三节： 20:30—21:55					

值班人：————————、————————

第二部分
学科教学与德育融合

高中英语教学各环节的德育渗透探究

崂山一中　吴宏丽

摘要：英语教师在教学过程中不仅要注重传授知识，让学生掌握这一世界通用的交流工具，培养其交际能力，还要重视通过学习语言，挖掘语言的内涵，把德育贯穿于英语课堂教学的各个环节之中，帮助学生树立正确的世界观、人生观，培养良好的品德，有目的地去塑造灵魂，陶冶情操，促进学生身心健康的全面发展。

关键词：高中英语教学；德育；全面发展

一、高中英语教学中德育渗透的必要性

社会的飞速发展所带来的日新月异的变化，对学校德育提出了新的、更高的要求。我们要顺应时代的发展潮流，在教育的内容和形式上求新求变，寻找符合现代社会德育教育理念的方式：在内容上，要推陈出新，融入社会主义荣辱观、和谐社会、中国梦等新的德育教育目标；在形式上，更加重视学生的亲身实践和体验，培养学生的合作学习与探究精神；采取更加科学且易于被学生接受的教育教学手段，把德育教育与学科教学紧密结合。

英语教学的课程目的包含着语言训练和德育教育这相依相存的两个方面，并互为前提，互为因果，互为表里。《普通高中英语课程标准》（实验）提出：高中阶段的外语教育是培养公民外语素质的重要过程，它既要求满足学生心智和情感态度的发展需求以及高中毕业生就业、升学和未来生存发展的需要，同时还要满足国家的经济建设和科技发展对人才培养的需求。因此，高中阶段的外语教育具有多重的人文和社会意义。学生只有对自己、对英语、对英语学习以及英语文化有着积极的情感态度，才能保持英语学习的动力并取得良好成绩。《普通高中英语课程标准》（实验）还明确指出：情感态度指兴趣、

动机、自信、意志和合作精神等影响学生学习过程和学习效果的相关因素，以及在学习过程中逐渐形成的祖国意识和国际视野。保持积极的学习态度是英语学习成功的关键。在高中阶段，教师应引导学生将兴趣转化为稳定的学习动机，以使他们树立较强的自信心，形成克服困难的意志，乐于与他人合作，养成和谐与健康向上的品格。通过英语课程使学生增强爱国主义意识，拓展国际视野。笔者所用的普通高中外研版教科书给我们提供了大量的语言材料，涉及航天、地理、名人、医学、环保、自然、新闻、文化遗产保护等。这些材料贴近生活，富有强烈的时代信息，不仅能增强学生对英语国家文化的理解，还会加深他们对祖国文化的了解和热爱。另外，教材中所涉及的诸如友谊、旅游、音乐、卫生、体育、文化、戏剧、幽默、娱乐节目等话题，易引起高中学生的思想共鸣，具有较强的感染力。这些无时无刻不在陶冶着学生的情操，滋润着他们的心田。因此，在英语教学的各个环节应更好地利用教学过程中的相关资源，加强教学过程中对学生的引导，强化学生学习过程中的体验和感悟，形成积极情感，达到预期效果，更好地发挥学科教育中的德育教育功效。

二、德育在英语教学各个环节的渗透路径

（一）新课导入环节中的德育渗透——简洁而意义深远

高中英语外研版教材的编写以话题为单位。借助于每一个模块的话题，采用不同的导入方式，在引领学生进入话题学习的同时，渗透德育教育。例如在讲 Save the Earth 这一模块时，笔者在课前为学生播放了的"Heal the World"这首歌。因为很多学生喜欢迈克尔·杰克逊，因此也就知道这首著名的歌曲。然后借机告诉大家：杰克逊在这首歌里号召全世界人民抛弃成见，走到一起，共建一个美好家园！为了我，为了你，为了我们的子孙后代，要将世界建得更美好！所以，保护我们的栖息地——地球，是每个人的责任，否则我们看到的最后一滴水将是我们的眼泪。话语不多，却足可以唤起学生的共鸣！在学习 Book 3 Module 4 Sandstorms 时，上课伊始，组织学生观看了关于我国新疆地区沙尘暴的 2 分钟新闻。画面中的场景，让身处海边的孩子们感受到了沙尘暴的可怕；然后又联系近几年来青岛多次出现雾霾现象这一事实，让学生们感受到保护环境迫在眉睫，保护环境，必须从我们做起！

（二）新知识传授过程中的德育——深挖教材，拓展知识的同时渗透德育

在新课的学习过程中，笔者充分挖掘教材，对教材进行整合与处理，通过多角度多方面的学科教学手段来丰富德育的方式。比如，文辞优美、意境深远的文章有益于陶冶学生的情操；科普环保文章，有益于学生树立环保意识，节能意识，养成自身健康的生活方式；人文关怀的文章，使学生学会关心他人，关心社会民生。

讲到 Book 2 Module 3 Music 这一模块，在处理关于贝多芬的这一部分阅读材料时，我设置了这样一个问题：Did he stop composing when he became deaf ? 学生毫不费力地给出了正确答案：No , he continued composing . 我马上抛出了下一个问题：If you are disabled one day ,what will you do ?（如果有一天你突然残疾了，你会怎么做？）在经过短暂的思考和与同学交流后，许多同学站起来表达了积极的观点：身残志坚。为了进一步鼓励同学们，我为学生播放了尼克胡哲的演讲，最后还送给孩子们一句话：Whatever difficulties we meet in the future ,don'   t be discouraged .We can deal with them .（不管将来遇到什么样的困难，一定不要灰心，我们一定会克服它们。）本模块出现了两个重点句型：一个是强调句，另一个是 by 引起的时间状语与什么样的时态连用。为了便于同学们更好的学习掌握这些用法，笔者举了同学们很熟悉的两个句子加以操练：

1.It was Liang Bo who won the champion of the Voice of China this year . 梁博获得了中国好声音的冠军。

2.By the end of this year ,Yang Kun will have given twelve concerts . 到今年年底，杨坤将举行 12 场演唱会。

笔者选取的例句是学生熟悉和感兴趣的，也是和本模块的话题有关的，借着这些例句，我再次暗示大家：不管是谁，要想成功，都必须付出，没有人能随随便便成功的。

（三）大量的练习，尤其是篇章练习中的德育渗透——题材新颖而贴近生活

学好英语的最终目的就是为了更好地使用。其中的一个重要用途就是阅读。为了学好这一语言，学生也必须做大量的笔头练习来巩固自己所学的语言点以备将来使用：完形填空、阅读理解及阅读表达都是训练学生阅读能力的极佳练习。这些篇章中，许多都是记叙文体裁，在叙述故事的同时教给学生为人处世的道理。因此，在新授课以外的学习材料的选择上，我选择有利于提高学生人文素养、审美情趣和文化品位的、贴近学生和社会生活实际的、确保德育教育涵盖面广的材料，通过对这些教学材料的实际运用，帮助学生在学习过程中体验、感悟、建构并丰富学习经验。在教学中，笔者充分利用这些材料对学生进行德育教育：既生动形象，又富有说服力。下面是学生曾经做过的一篇阅读理解。

It was a Sunday and the heavy storm had lasted all night.The morning after the storm, though, was beautiful : blue skies, warm air and a calm, inviting sea touching the shore gently.

......

该文是一篇记叙文，主要描写作者和父亲在暴风雨过后拯救搁浅鲸鱼的经过，揭示了人与动物，人与自然相互依存、和谐发展给人类带来的愉悦。作者的意图就是要表达通过拯救鲸鱼的生命所带来的一种幸福感，特别是从文章的最后一段，更能体现出作者的意图。在读完此文后，我引导学生得出如下结论：爱护动物，保护它们的栖息地是人类的责任，只有人类与动物和谐共处，我们的地球才是一个和谐的大家园。

还有学生曾经做过的一篇完形填空，文中的作者马上要参加一场她梦寐以求的工作面试，却患了面部神经麻痹，脸部肌肉不受控制。面对这样的困境，作者还是勇敢地参加了面试，并因为其勇气而被当场录用。读完此文，师生均被作者的勇气所折服，由此，学生也自己总结出：人生随时都可能遇到挫

折，勇敢地面对困难才是最佳选择。

（四）学习成果展示过程中的德育渗透——亲身实践而得之

经过近一个周的语言知识的学习，每一个话题学习结束时，笔者往往让学生做一些展示活动——也就是所学语言知识的输出。展示的方式方法很多：墙报、话题作文、课件、课本剧、演讲等。在整个展示活动的准备过程中，学生要自己查阅许多资料，做许多的准备工作，从中也就学到了很多的知识。学习 Book 2 Module 3 Music 这一模块，除了掌握必要的知识，最终还要学会如何描述一个著名的人物。在学完课文后，模块展示活动是利用周末时间，小组成员分工合作（每组 6 人），利用网络查一个近现代中国著名的音乐家的资料，将其事迹用本模块所学知识制成壁报展示出来。每个组员必须承担一项或几项任务，如：汉语资料查询整合（关于作曲家的生平简介，不超过 200 字）、代表作（大家最熟悉的）的音频查找、英文制作（每个成员至少翻译一句）、壁报的绘制、后期剪辑制作、壁报展示、同步翻译等。其中，汉语资料的整合可请语文老师帮助把关，英文翻译可向英语老师请教。这样做的目的，不仅仅要促使同学合作，还要他们学会师生合作。因为每一个老师的思路都是不同的，从不同的老师那里学生可以学到更多的理念与知识。从分工合作、查阅资料到最后作品的完成与展示，整个过程本身就是一个学习的过程：学生从中了解了伟人的生平事迹，学习了伟人的优秀品质，也提高了自身的品格修养，有助于他们形成正确的人生观、世界观。成果的展示过程中，我鼓励学生大胆发言，不要怕出错，对积极参与、准备充分、语言表达流畅的学生给予表扬。

三、结语

英语，是普通高中学生学习的一个重要学科，教师在学科教学中一定要立足本学科的特点，认真利用好教学资源，发挥学科教学的德育作用，使其成为德育中不可或缺的重要渠道。教材中每个模块的 Introduction 、Function 、Listening 等均可通过情景听说、问题思考等活动，使学生带着问题积极主动地参与，以探究者的姿态投入该模块的学习，提高自己分析问题解决问题的能力；Reading and Vocabulary、Writing 和 Cultural Corner 都是培养学生合作探究能力、渗透德育教育的好材料，这些活动对培养学科兴趣、发展学习能力是必不可少的。教师应依托教材这个平台，采用多种多样的教学活动，引领学生进行灵活全面的学习活动，促进学生的全面发展。

【参考文献】

　　［1］中华人民共和国教育部《普通高中英语课程标准》(实验)，北京：人民教育出版社，2006。

　　［2］王新礼、周桂珍《山东省教师资格认定教学、教育心理学学习指导·中学部分》，济南：山东大学出版社，2005。

　　［3］胡春洞《英语教学法》，北京：高等教育出版社，1996。

　　［4］唐秀云《论中学英语课堂教学的三维和谐》，《中小学英语教学与研究》，2001 年第 5 期。

　　［5］李 敏《春风化雨，润物无声——试论英语教学中的德育教育》，《科学教育》，2008 年第 1 期。

　　［6］李 丹《如何在高中英语教学中对学生渗透德育教育》，《广西师范学院学报》(哲学社会科学版)，2010 年第 6 期。

让每个学生个性飞扬

——谈信息技术教学下学生的个性培养

青岛二中分校　宋雪莲

谈到个性，我脑海中便立马浮现出几个个性鲜明的学生，自信阳光、有点话痨的学生 A，脾气暴躁、桀骜不驯的学生 B，多愁善感、细微谨慎的学生 C……这些个性鲜明的学生都给我留下深深印象，但是，仔细深入了解后，你会发现每个学生都有自己独特的个性，只是有的鲜明一些，而有的平淡一些……作为教育工作者，我常反思自己的教学工作对学生的个性发展是否起到积极的作用？其中有些遗憾，有些迷惑，也有点儿收获，我多么希望每个学生在我们的培养下，能够扬起个性的翅膀，谱写出魅力的人生篇章。

摘要：随着教育改革的进行，人们越来越意识到以人为本、个性培养的重要性。本文结合教学实践与体会，分别从尊重学生、满足学生的不同个性需求、让学生学会自我学习、发挥其想象力和创造力及学会自我个性完善等五个方面，阐述在信息技术教学中，如何让每个学生个性飞扬；作者也希望以此文章和同行作一交流探讨，来更好地促进学生的个性，以此为契机带动我们教育的发展。

关键词：个性；差异；想象力；创造力；完善个性

一、要让学生个性飞扬，首先要尊重学生

个性是一个人的心理特征倾向，每个学生的心理特征是有差异的，所以在教学过程中要正确对待学生的个性差异，尽量去发现孩子的闪光点。记得教学初期，我曾遇到学生 D，调皮而又倔强，上课常捣乱，于是被我定义为典型的"差生"，经常被我批评来教育去，但是效果一点儿也不好，直到有

次班级旅游，发现这个学生主动把班里重重的包背在身上，而且还不断照顾一些体弱的同学……这让我很意外，也很感动，于是我及时表扬他，以后我不断改变自己的教育策略，不再仅仅是批评和挖苦，而是试着去了解他，去发现他一些好的方面，渐渐地，这个学生身上积极的因素越来越多，同时也带动其他方面的好转，这让我很高兴。我庆幸自己没有一直把他当"差生"对待，虽然"差生"和"差异"只有一字之差，但让我学会了尊重，学会以一种新的角度去对待学生。其实，我们每个学生都是独立无二的，有着独特的潜能和闪光点，作为教师只要充分发现他们的闪光点，充分提供给他们展示的舞台，那么，每个孩子都能发出耀眼的个性光芒。

二、要让学生个性飞扬，就要满足学生的个性需求

因为学生的个性不同，无论在知识的接受理解上，还是在思想性格上，都会产生一些差异，为此，教师也要有区别地设计教学任务，采用灵变多样的教育教学策略，尽量满足不同学生的个性需要，使每个学生的个性得到良好发展。

首先，在教学中要设置多层次的任务和问题，满足不同学生的需要

由于学生个性的差异，在教学中要因材施教，针对不同的学生，设计不同的任务，提问不同的问题，布置不同的作业，对每个学生不同的进步给予肯定与表扬。例如在讲授"图层的蒙版"一节中，我分别设计三种不同的任务：

第一种（基本学习掌握的）：用画笔工具制作蒙版效果，提供基本步骤和源文件，学生可以自学解决。

第二种（提高学习）：用不同的选区设计独特的蒙版，选区的制作是多样的，教师给出不同的选区效果，给出源文件和基本步骤，供学生自学。

第三种（发散思维）：用图形或是图像制作选区，生成独特的效果，给出源文件实例，学生探究解决。

三种方案均以网页的形式给出，对于能力较差的学生只要求掌握基本的。当这些同学在一节课中完成了不同图像的设计制作后，喜悦的心情是无法用语言来表达的，此时，作为教师要热情地来欣赏他们的作品，并适当地

进行展示，加以表扬和肯定，从而提高全体学生的学习热情。同时还可以给他们提出一些新的要求。

其次，在思想教育上，要采用灵活多样的教育手段。

比如，有些学生个性倔强，这时候教师不能只是一味地批评，要适当地避开锋芒，寻找迂回解决问题的方法，另外还要给他们发展和表现自我的机会；对于个性调皮的学生要多些宽容，要深入和他们交谈，让他们对老师产生亲切，并能敞开心扉接受老师的合理建议，鼓励他们不断进步；对于一些孤僻缺乏自信的学生，要增强自信心，要对他们格外关心，创造条件和环境，让他们不断融入集体中，而且要对他们每一个细小的进步给予肯定和表扬，增强其信心和力量……

三、要让学生个性飞扬，就要让学生学会自我学习

自我学习意识是指学生主动学习，能够应用已学知识去解决和学习其他相关知识，这是一种非常重要的素质，对学生的长远发展具有重要意义。那么，信息技术课程内容多，更新发展快，仅仅将学习定位成一两门软件的操作是远远不够的，必须学会学习的方法，解决问题的思路，将来才能适应市场的需要。

信息技术教学中，我多采用自学探究的形式，尽量去发掘学生的学习兴趣、学习欲望等。为此，我常常制作局域网学习网站，录制辅助视频等辅助手段，让学生通过这些辅助，能够独立自主地完成学习内容，从而培养学生的自我学习能力。

另外在教学中，引导学生多质疑，尝试不同的解决方法，然后在问题解决和不同的尝试中学会知识，例如在讲授图像处理头发的抠选时，本来内容安排是通过通道的方法抠选，但是很多学生提出是否能够用其他的方法去完成抠选呢？于是我便鼓励学生去尝试不同的方式，结果有的学生用色彩范围选区，有的学生用抽出滤镜加色彩范围……最后我就让学生针对自己完成的情况，相互比较交流，通过这种方式，学生不仅仅掌握多种选择方法，而且针对不同选择方式的特点有了更深层次的学习。

四、要让学生个性飞扬，就要注重发挥其想象力和创造力

想象力和创造力就像学生个性飞扬的翅膀，要想让学生飞得更高，就要给学生充分的创作自由，允许学生大胆创造具有自己个性和风格的作品。例如，我在任教 Photoshop 模块中，常常会给学生很大的自主权，比如让学生自选主题和素材加工图像合成作品，学生们在设计时可以大胆发挥自己的想象力，在作品中淋漓尽致地表达他们的思想和创意。在制作地理环保贺卡时，有的学生通过环境恶化后，企鹅搬迁到沙漠，表达了他对地球环境恶化的担忧；有的学生则用手捧起绿色的地球，表达人类应该热爱地球的心愿，呼吁全人类珍惜地球；有的学生在作品中加入自己拍的照片，展示对青岛红瓦蓝天的喜爱，呼吁人们热爱自己的家园……制作完毕后，课堂中的师生评价作品显得生动活泼、充满乐趣，学生在作品评价中得到了交流和发展，同时促进学生的个性发展。

另外，教师要鼓励学生发出不同声音，我们的课堂不是一种被动接受、仅仅倾听的课堂，而应该是一种相互探讨、争辩，甚至是弥漫"硝烟"的课堂，鼓励学生大胆提出自己的想法、不同的见解。记得在自己开设公开课的试听课上，当时讲授 Powerpoint 中的投篮动画效果，结果有个学生突然站起来提出，球从篮筐上面穿过，有些太假了吧？当时我一下子愣住了，这确实是自己当时备课中没有意识到的，怎么办？是随便带过，还是就这个问题讨论？如果讨论自己的课可能进行不完？在一系列矛盾中，我决定还是就学生的问题讨论下去，我让学生们针对这个问题去尝试解决，学生在不断尝试中，终于有很多学生欣喜地做了出来，但是也导致我安排的教学内容没有完成，本来想完了，自己的课肯定会受到批评，结果没想到受到教研员和其他学校老师的一致肯定，真实、尊重学生、敢于节外生枝……这让我在以后的教学中，注意去捕捉学生闪现的"智慧"，让自己的课堂真正成为思维碰撞、智慧生成、个性飞扬的课堂。

五、要让学生个性飞扬，还要注意让学生学会自我完善个性

在倡导学生个性飞扬的同时，我们也要注意一个问题：就是引导学生学会自我完善个性，因为学生往往对个性理解有些偏颇和狭窄，常常将一些不好的习惯、行为理解为这是自我个性的一种表现，实际教学中，我也发现确实存在这样的现象。例如学生 E 非常聪明，理科成绩比较突出，动手能力也很强，但是课堂上却常常打断老师，说一些搞怪的话语，惹得课堂大笑，而且每当老师提出批评，便是一副不屑一顾的样子，自认为个性十足；了解情况后，作为他的全员育人导师，我多次找到他，首先对他好的方面提出肯定，然后逐步引导他正确理解个性的内涵，如果将一些不好的行为、习惯理解成这是我独特个性的表现，那就太狭隘了，要让他理解良好完善的个性才会促进自己的长远发展，引导他逐渐去改进一些习惯、行为，去挖掘、发展个性中积极的方面，这个学生有了一些转变。

前一段时间，因为带学生准备、参加头脑奥林匹克竞赛，和学生相处较多，也发现一些问题。这个竞赛是团队项目，需要学生相互协作与配合，不仅要充分发挥个人的才智，还要学会如何说服别人接受，甚至妥协融合。小组有个学生 F 有独特见解，但是却固执自负，容不得别人的一点不同意见，于是常与同学产生矛盾，为此，我多次召开小组讨论会，针对不同的见解、方法，分析其可行性、独特创新性等，让学生全面理解自己的见解，当无法达成一致意见时，就让学生采用自己不同的方法去做，碰壁后学生自然就服气了。另外，在活动中，我一直强调，要善于倾听别人的想法，综合分析后，进行融合是非常重要的，通过这个活动，很多学生能够更好地调整自己和团队的关系，对他们今后的个性发展非常有意义。

个性会让我们的学生充满生机，个性会让我们的课堂充满活力，所以我们教师要有一双热情、智慧、冷静的眼睛去发现、去培养每个富有个性的幼苗，并创造机会，让他们尽兴地表达见解，表现自我，展示才华，让每个幼苗尽情健康的成长！

关于高中班主任和高中学与教的粗浅思考

崂山一中 吉爱中

信念，梦想，感动，快乐，反思，它们装点了人生，是生命活力的元素；没有它们，生命就会黯然失色，缺乏生机与活力。教师，特别是高中班主任，其生活、工作和教学更需要这些，有了它们，教师在点亮自己人生的同时，也可以照亮学生。下面谈谈对高中班主任和高中学与教的几点粗浅看法。

一、高中班主任需要进行自我勉励

在人生中，每个人都需要不断地进行自我勉励，牢记一些人生信条，激励自己不断地前进，提升自身专业素养和文化修养。作为一名高中班主任、思想政治教师，我比较重视以下几点：

1. 认识你自己——德尔裴太阳神庙题词

班主任是班级德育工作的主要实施者，是学生成长的人生导师，是班级教导会的核心和灵魂。一名老师，要想上好专业课，当好班主任，必须认清自己，认清自己的强项和不足，在学习借鉴中取长补短，在工作中多多发扬长处、优点。

2. 紧紧抓住梦想

身教远重于言教。一个自身无梦想无追求的老师，要想教育学生有梦想和追求，为理想不懈奋斗，效果不会好哪去。教师特别是班主任应有自己的理想与追求，进而带动学生做一个有追求有梦想的人，肯为梦想奋斗而不惧风雨困苦，坚持不懈，勇往直前。

3. 教育不是灌输，而是点燃火焰——苏格拉底

兴趣和渴望是人成长成功的重要动力。教育中，灌输虽然并非一无是处，但是班主任在教育教学中，还是少用灌输式为好，多用启发式，可以设置情景问题、互动探讨、换位思考、榜样示范、体验践行，去启发学生求知的欲望、探索的渴望，引导学生为理想而奋斗。

4. 要是没有热情，世界上任何伟大的事业都不会成功——黑格尔

爱心是施教的基点。班主任要有爱心，也要有热情。班主任工作是个体力活，几乎天天早到晚走；班主任工作也是个脑力活，常常需要和一些学生"斗智斗勇"。班主任要想带好班级，教育引导好学生，需要苦干加巧干，而这都离不开热情。有了热情，再苦再累的事情也能甘之如饴。

5. 光有热情而无知识，宛如野马脱缰

班主任工作，是个专业活，需要较高的专业素养。一个严重缺乏教育学、心理学、管理学知识的人，是很难胜任班主任工作的。社会上最需要的是德才兼备的人，而一名优秀的班主任，也必然是个德才兼备的人。若是无相应才能，纵然有德，爱心满满，也可能是好心办坏事，效果适得其反。因而，班主任需要坚持终身学习，多读书，多参加一些高质量的专业培训，不断在学习、实践与反思中成长。

6. 闻道有先后，术业有专攻——韩愈《师说》

专业的事情要交给专业的人来做。笔者暑假里去哈尔滨培训，听到郑教授讲，班主任的专业素养有五点——爱学生并会爱学生，负责任并会负责任，能沟通并会沟通，能设计并善于设计，能研究并善于研究。我深知，专业素养的提升绝非朝夕之功，需循序渐进，日积月累。

二、关于当前高中生的学习状态与效果的分析

现代教育教学必须关注学生。由于成长的社会环境不同、家庭氛围各异、高中之前所受教育有别、自身禀赋存在差异等方面的原因，当前高中生的学习状态也有所不同，差别很大。状态不同，效果各异。这个问题具有普遍性。我分析了一下当前学生的学习状态及其成效，可大致划分为以下三类：

1. 主动学习——效果好

这类学生学习的自觉性和主动性很强，他们的心声是"我要学"。他们学习，往往是出于对知识的一种强烈的渴望和追求。他们学习目标明确，计划性强，并且学习计划有很强的可操作性。此类学生的学习效果很好，"产出投入比"高。以我校学生为例，国学班和科技班学生中，主动学习的学生占比较高，而崂山班学生中，主动学习的学生占比很低。

2. 被动学习——成效一般

这类学生往往缺乏主动学习的愿望和要求，总感觉是别人特别是家长和老师"要我学"。他们往往把学习看作是迫于社会、家庭等外界的诸般压力而不得不为之的一种负担，在压力下勉强学习，缺乏自主性和自觉性。此类学生人数不少，学习的效果一般。我校今年高一学生中，崂山班和市区普通班中，被动学习的学生不在少数，当在七成以上。比如说，课前能提前完成预习任务能提炼出问题的学生很少，屈指可数。

3. 漠视学习——效果差

这类学生多抱着"学不学习无所谓""玩日子""混毕业"的心态。这类学生中多数家境较好，也有少数家境太差，学习没有什么动力，常常是在课堂上趴着睡觉，神游他乡，或动辄找个由头托故请假回家，或者肚子疼上厕所，课堂犯困头脑昏昏，课后清醒精神矍铄。这类学生大多学习效果差，其中不少人考试多数科目不及格，学业水平考试挂科较多，甚至几次补考都考不过，导致高中无法毕业。其中有极少数人，智商很高，但是其心不在高中各科的学习，而是"心有他属"，迫于无奈而上学。我大学毕业工作不久班上的一个学生崇碧可归于此类。我曾数次跟他谈心，可惜收效甚微。目前，我们2017级高一12班部分学生属于此类，课堂常常抬不起头，我当仔细研究对策，促进其向好的方向转化。

三、对高中学与教问题的几点思考

1. 高中生要认识到自主学习意识与能力的必要性和重要性

《淮南子·说山训》有古训云："欲致鱼者先通水，欲致鸟者先树木。水积而鱼聚，木茂而鸟集。"欲盖高楼先奠基，想行千里先健身。思想是行为的先导，意识不到，往往就做不好。当今社会，竞争日趋激烈，物竞天择，优胜劣汰。人若想成才、适应社会竞争，就必须打好基础，扎实学习，奉行鲁迅式的"拿来主义"，博采众长。

21 世纪，知识更新日益加快，"知识爆炸"使人们必须改变学习观念和学习方式。人，在一生中需要不断地学习，获取新的知识。"建立学习型社会"，已被我国确立为全面建设小康社会的目标之一，"学习型社会"的核心内涵就是全民学习、终身学习。学习不仅是一种美德，而且应该成为人们实际生活的"第一需要"，人们应当树立自主学习观和终身学习观并践行之。而终身学习是以自主学习为基础和前提的，当今社会，自主学习能力是必不可少的，是培养其他一切能力的能力，是不断获取新知识，完善知识能力结构的基础。

大学，对莘莘学子来说，是一个充满着奥妙、梦想和追求色彩的园地。而要想成功迈入重点大学甚至名牌大学的殿堂，就必须走好高中三年。学生是认知主体，要有自主意识。一个没有自主意识的人，是很难学有所成、事业有成的。所谓自主学习，就是相对于"被动学习""机械学习"和"他主学习"而言的。我的人生度过了 34 个春秋，回首昔日年华，思索高中和大学学习，我觉得，自主学习的意识和能力对人生影响极大，在中学阶段甚至更早，学生就应培养这种意识和能力。当前我校学生自主学习的意识和能力普遍较差，对教师依赖心理太强，教师和家长应给予其以正确引导和帮助。

2. 对提高学生自主学习能力的几点思考

提高学生自主学习能力，前提是使学生领悟自主学习的价值和意义，核心在于发挥学生学习的自觉性、主动性和积极性，充分体现学生的认知主体性，着眼点在于如何促使学生"想学"进而"会学"。学生应注意自我培养，那么，我们教师可以做哪些事情呢？

（1）尊重学生人格，促进学生的个性发展。我的母校东北师范大学倡导勤奋创新、为人师表，曾经提出"尊重的教育理念"。尊重，很重要的一点，就是要尊重学生的人格，尊重和促进学生的个性发展。哲学家莱布尼兹说过："世界上绝无两片相同的树叶。"同样道理，世界上也不可能有两个完全相同的人。在教育教学中，教师面对众多学生，学生千差万别，每个人的兴趣、爱好、特长、基础各不相同，各有特色。教师应当尊重学生（特别是学困生）的人格，重视促进学生的个性发展。

（2）追求决定成就，梦想引领人生，要注重激发学生的学习动机和兴趣。高尔基认为："伟大的力量来自于伟大的目的。"学习动机是推动学生学习以达到某种目的的心理动因，它表现为学习的目标、志向或愿望，是学生自主学习的内在动力。高中生对学习目的非常明确、追求的目标较高、分步目标较细、可行性较强时，他就有积极的学习动力，学习效果会较好。

作为一名班主任兼思想政治课教师，我积极引导学生对学习价值和意义的正确认识，让他们明白为谁学习、学习的意义和价值何在，把学习和自己、家庭乃至国家的前途、命运紧密联系起来，联系丰富多彩的社会生活，以此激发学习动机，促进学生的自主学习。

在高一新生报到时，我努力引导学生关注国家和社会，思考自己未来的职业愿景与所需条件，思考如何去把握条件，如何去规划高中的生活与学习，思索自己心目中的偶像吸引自己的地方，引导孩子们从身边同学中寻找正能量，寻找自己的榜样，努力成为别人的榜样，争取做出彩一中人。

教育家朱熹在《近思录》卷十一《教学篇》中写道："教人未见意趣，必不乐学。"它强调了兴趣对教师教学、学生学习的重要性。心理学认为，兴趣是人的一种带有趋向性的心理特征。兴趣同样也是人们求知的内在动力，它很大程度上决定了人对现实问题的态度、价值判断与行为选择。孔子讲："知之者，不如好之者；好之者，不如乐之者。"自主学习，就要乐于求知，而乐于求知的关键在于激发兴趣，知中求乐。学生，只有在学习活动中体验到乐趣，才能"喜欢上它"，进而达到求知的良好效果。

兴趣往往是成功的先导和创新进步的驱动力。当学生对某一门功课的学习产生浓厚兴趣时，他会积极主动而且心情愉快地学习，去建构和优化自己的知识结构，努力提高学习成绩。要使学生对学习有浓厚兴趣，从教师角度讲，这有赖于教师用情去感染，用高超的教学艺术去激发和培养。

教师，可以根据学科以及自身的特点，苦练本领，努力提高课堂教学艺术，以情趣横溢、丰富多彩、生动形象的情境激发学生的学习兴趣。高中思想政治课上，教师可以把漫画、时政热点、悦耳动听的音乐、风趣诙谐的寓言、直观形象的录像、寓意深刻的典故、引人入胜的故事、名家名言等融入教学之中，理论联系实际，借助网络、多媒体等手段激发学生的学习兴趣，撞击学生思维的火花，促进学生学习兴趣和思维能力的提高。

（3）实行"创设问题情境——探究讨论式"教学。思想的碰撞产生智慧的火花。教师可以把班级学生分组，根据学科教学需要提出一些典型问题（也可以发动学生思考并提出问题），学生根据教师所提问题在集体中相互交流小组的观点或个人的看法，相互启发，相互学习。课堂探究讨论的形式可以多样化，可以分组讨论、全班交流，可以有自由讨论，生生互动，也可以师生共同参与，师生互动。最终通过小文章、黑板报等形式展示探究讨论成果。

教师要信任学生，可以让学生做的事情，放手让学生去做，教师注重指导和点拨即可。学科教学内容把握方面，教师侧重讲授重难点。这样做，能够充分发挥学生主体性和教师主导性，在解放老师的同时，可以增强学生自信心，培养学生的问题意识，提高学生的思维能力、语言表达能力和团队合作意识。

（4）探索实行开放性教学，指导学生进行研究性学习。所谓开放性，就是不拘于传统的、固定的、封闭的模式，可以突破学科、课堂和书本的局限。开放性教学对学生和教师提出的要求很高，实施起来难度很大。对学生而言，学生要有质疑意识，敢于打破常规，标新立异，超越书本，走出课堂；不迷信教师和专家的经验和权威，敢于向教师与专家、书本和权威挑战，敢于发表自己的意见和独到见解。开放性教学，对教师提出了更高的要求，教师要不断地学习、充实提高自己的各方面素养，提高教育教学的能力，有大海般广阔的胸怀，不怕被学生难倒，要信任和鼓励学生，对学生进行恰当的点拨与指导。

教师可以给学生提供一些自主学习的空间和渠道，如辩论会、研究性学习、社会实践和网上学习等等，指导学生进行自主学习。比如，高中思想政治教师可以给学生提出一些与本学科相关的学生感兴趣的课题（如中学生消费心理与行为调查，台湾问题的由来，大国外交，中日、中韩关系的历史、现状和未来等等），引导学生进行研究性学习，收集和分析资料，撰写小论文。

人生需要思考，思考创造奇迹。作为任课教师与班主任，我当好好思考人生，解放思想，与时俱进，把握教师职业和班主任工作的时代要求，不断探究教育教学的真谛与艺术。虽任重而道远，亦当不辞也。

第三部分
班主任工作中爱和温暖的力量

让青春的花儿开得更鲜艳

——写给所有的高三女生

崂山一中　吴宏丽

前言：高考临近，学习已进入"冲刺"状态。较之男生，高三女生更容易被情绪左右：对学习的期望值过高，对前途的担忧，情感的困扰等等，使之变得焦虑、忧郁、胆怯、爱哭甚至易怒。这些情感导致学习障碍：记忆衰退，疲劳健忘，思维紊乱，处于无效学习的状态。这种"恶性循环"常使女生的畏考情绪更加突出。为此，我为高三级部所有女生做此专题报告。

同学们，下午好！一直期待着有一个单独和大家交流的机会，今天终于等到了。在此，我首先代表全体高三女教师向战斗在高考一线的女同胞们表示衷心的问候！

面临最后的冲刺，我不想对大家进行什么说教，只想站在不同的角度上跟大家说说心里话。

首先，让我们以朋友的身份来聊聊吧！

一、闺中密语

学习很累，我们压力很大，因此我们一定要有一份好心情！如何才能保持心情愉悦呢？心胸开阔，利用好三个坚强的后盾：温馨的小屋、和谐的同桌、友善的"BF"。

（一）温馨的小屋———宿舍

女同学一般都自尊心极强，心思细腻，反应敏锐，七八个人住在一起，日久天长，难免会有摩擦：你坐了我的床，我碰了你的脸盆，你用了我的牙膏，我用了你的毛巾；特别是今天咱俩好了，明天你俩好了。林林总总的原

63

因，都会引发不带硝烟的战争。去年我班１０１舍，一个女同学说话不注意，今天和这个好，说那个同学的坏话，明天和那个同学好，说这个的坏话。有一天她不在学校，同宿舍的人互通了一下有无，发现了她的这个小毛病，最后大家愤怒了，要把她驱逐出１０１。我整整花了一晚上的时间，把所有人叫到我办公室，才做通工作，很遗憾，领头者只上了个三本。2009级高考前一天晚上查宿舍，在文科班一个宿舍，发现有一个上铺睡着２个人，而下面一张床空着。我问了好半天，一个同学才说床湿了。我用手一摸，半张床湿漉漉的。我把那个同学叫出来一问，才知道，不知被谁倒上水了！同学们，第二天要高考了，那得有多大的仇恨啊！现在想想，女同学的嫉妒，小心眼占了大部分的原因。能住到一个宿舍，是一件非常难得的事情，何况大家要知道，我们之间不是对手，我们的真正对手是山东省其他地区的考生，因此千万不要"内讧"。

（二）和谐的同桌（前后位）关系

我的体验是，同桌间的关系尤为重要，第一，不要过于敏感，我上学时经常因一点小事或她的一举一动就和同位闹得不愉快，看见她用胳膊支着头，心情不好，可能一整天我都在嘀咕：她怎么了？我哪个地方惹着她了？什么也做不进去，还学什么习？第二，同位之间不要整天形影相伴，给彼此一个空间，否则一旦哪一天其中的一个有了"新欢"，"旧人"就会感到被抛弃了而悲伤、痛苦，彼此的关系就会走极端。第三，切忌考前换同位，动机是好的，却往往事与愿违（两个人坐同位，需要有磨合的阶段，等你们磨合好了，高考已经过去了）。大家可以展开丰富的想象，今天因为同桌一句不经意的话，我惘然若失了一整天，这将是我高中以来最无价值的一天，若每人伤我一句话，中国14亿人口，我顷刻就没有了。

（三）"友善适度的ＢＦ"

俗话说：男女搭配，干活不累。说实在的，男女相处要比同性相处容易、轻松（我在咱们学校有很多相处得不错的男同事，他们有叫我"丽丽"的，有叫我"小丽"的，还有叫我"老吴""小吴"等等，有的见面甚至拳脚相加，但我们心里没有任何的隔阂，是纯粹的革命友谊）。但在你们这个年龄，男女交往的度却很难把握。一不小心，味儿就不对了，这就要求大家日常交往时要稍加注意，尤其是最后这一阶段。2007年，我带咱们学校的理科实验班。有一天，一个女同学摸了一个男同学的头一下。那个男同学个子非常高，女同学较矮，那个男同学坐在座位上。我正好在教室的后面，看见了，就说了一句"你怎么摸人家的头？"（我们老家有个说法，男人的头不能随便动，尤其是女人，妈妈除外）当时有同学就反驳我："老师，都什么年代了，你还这么封建？"其实，我心里明白，同学们大都兄弟姐妹较少，从心底想有个说得来的哥哥、姐姐什么的，但谁敢保证你们兄妹、姐弟定位的准确性呢？再说，众口铄金，人言可畏，没有的也成真的了。但是，我不认为同学们是在谈恋爱，即使你自己认为你爱得死去活来。我这样说有我的理由：首先，大家想想，从幼儿园到现在，你喜欢过多少个异性了？也许你会说："我对他的感情和对别人不一样。"那么，我问你，他给了你怎样的承诺？2008年，我带咱们学校的复读班，班里的两个同学在春节后开始好上了。男孩是西韩的。有一天我问他，你怎么想的？他回答得很干脆："我肯定不会娶她""我不能给她任何承诺！"回答的干脆程度令我心寒，痴情的姑娘们，你们作何感想？也许你会说"我们有约定"，可是，你了解他的家庭，他的父母，他的为人，他的喜好，他的性格，他与父母的关系吗？所有他的缺点你都能容忍吗？我再给大家讲个故事，2012～2015年我带咱们学校的第一届国学班，班里的两个同学：女孩白白净净，文文弱弱，父母是在青岛打工的；男孩长得也还英俊，母亲常年卧病在床，不能自理。女孩成绩较好，男孩相对弱一些。当时我找女孩做工作，女孩曾信誓旦旦地告诉我："不管将来他什么样，我都会嫁给他！"去年寒假，学生来看我，告诉我，他俩一上大学就分了！

姑娘们，我现在越来越觉得老祖宗的话是对的："门当户对"。婚姻就是要门当户对——当然，这和金钱无关。我说的是两个人、两个家庭的认知水平等。也许你会说，我才懒得想那么多呢，我又没打算嫁他，那么，同学们，我们又何必浪费这黄金般的好时光呢？

姑娘们，和气生财，微笑使人愉悦，为了我们自己，敞开胸怀，得饶人处且饶人，让自己每天开开心！有个故事，说的是在清朝康熙年间，安徽桐城县县城有张、吴两家邻居，张姓家族父子两代为相，权势显赫，吴府乃当地望族。张家的老宅与吴府之间有块空地，张的家人起墙建房时与吴家发生争夺，互不相让，矛盾激化。于是，张家写信到京城，企求他出面处理。结果，时任礼部尚书的张大人寄回家书一封，并内题一诗："千里修书只为墙，让他三尺又何妨？万里长城今犹在，不见当年秦始皇。"张家看到信后领悟，主动让出三尺，邻居吴家深受感动，也让出了三尺。两家由此化干戈为玉帛，留下一条六尺巷，传为美谈。

不论男女同学，能在一起生活学习是一种缘，相识、相知更是缘分，在一起难免有磕磕碰碰之事。只要不属于大是大非的问题，双方就没有必要争争吵吵的，即使在原则问题上，也应该采取忍耐、克制、谦让和宽容的态度，要深知"让人不为低，饶人不为痴"的道理，这更是一个人的修养和涵养的体现。

二、妈妈的嘱托

养儿方知父母心。陪着儿子走过高三，我特别理解家长们此刻的心情：着急，又不敢多说，也不愿给你们太大的压力，现在我就以妈妈的身份跟大家说几句：

（一）干净清爽，利人利己

讲究卫生，内衣外衣都多准备几套，但不要花太多的时间洗衣服。顺手整理好宿舍，教室卫生，通风洁净。我们应该清楚地认识到，我们是来学习的，我们有时间不应该浪费在穿衣打扮上，穿上一件昂贵的新衣服，头发梳得乌黑发亮，脸上抹了一层又一层，直到"体无完肤"彻底变了形。早晨来的时候，天灰蒙蒙的，没有人看到；好不容易进了班，大家都认真学习，还是没有人发现；再等到晚上回去的时候，天已经黑了。你们是女孩子，拥有"女孩子"这一称呼，就是拥有年轻，这已经很美了，是再多的装饰也换不来的美。在你们以紧紧的瘦腿裤、浓浓的眼妆为美时，我们却喜欢高扎起马尾、素面朝天、眼神里有光彩的女孩子，那是朝气蓬勃的美，那是春天的美。青春就是这样一种美，有生机，有活力。在我眼里，你们都是美丽的。

（二）善待"老朋友"

每个月我们都会有那么几天不自在，或者我们恰好在高考那几天碰到了"老朋友"，我们该怎么办？平时大家就应多加注意，在"老朋友"来的那几天里，不做剧烈运动，不要过度劳累，不要情绪波动太激烈。高考时，"老朋友"来了是正常生理现象，关键是作好充分的准备。到考场时带好必备用品，有痛经史的还要带着止痛药（之前最好向医生咨询，遵医嘱服用）。如果考试半途感到不适，需要去卫生间，不要不好意思告诉老师；疼痛得厉害需要服药而自己手边没有的时候，更要请求老师的帮助。千万别因为这件事把自己弄得被动，影响正常的考试状态，若想使其提前或拖后，请抓紧时间与医生联系。

（三）饮食清淡，结构合理，不暴饮暴食，注意饮食卫生

早餐一定要吃饱，吃好，多吃水果。高考日益临近，这个关键时刻，注意休息、防病保健尤为重要。

（四）不与别人比熬夜早起，保证每天精力充沛为目的

根据自己的特点，合理安排自己的时间。有同学说，快高考了，时间紧迫，那干脆晚上加班加点吧，这是最不可取的，其实越是临近高考，越应该让自己的身心处在一种平衡的状态下。如果一味地注重时间的积累，最终身体素质会下降，另一方面，会使大脑形成抵制状态，可能最终会出现"高原反应"，脑袋反应慢，这样不但不会促进高考成绩的提高，可能反而不如不加班加点（当然，这是针对不能熬夜的同学而言，因人而异。我上高中时，教室灯彻夜不息）。当然最好在高考之前将作息的节律调整到和高考时的时间安排同步，比如高考时几点想起床，就尽量调整生物钟，高考时中午要休息，尽量在这一段时间养成午间休息的习惯。另外，在高考前一段时间做题时，尽量将题的科目和时间也与高考同步。

三、师之厚望

（一）弄清形势，相信自己——我们是最棒的

现在的高考对咱们女同学越来越有利，总的说来，文科性质的学科，比重较大：如语文，英语；大家感觉较难的一些学科比重相对减少：如物理，地理。在最后的冲刺阶段，大家一定要保证自己的优势学科，不制造新的"瘸腿学科"或弱势学科。不要只看到别人的长处，要善于以己之长比人之短。

（二）合理定位，敢于取舍

从4月14日到高考，我们将进行十几套综合模拟训练。每一次考试，都将有人欢喜有人愁，号啕大哭者也必然会有。我们以怎样的精神面貌迎接这一次次的考试？根据历次考试确定自己在班级的名次和各科能取得的分数，每次考试给自己定一个触手可及的目标。不要因为某次考试成绩过低就立刻否定自己，要看自己的平均水平，任何人都有失误的时候，所以不要跟暂时的水平下降较劲，有人说：那万一正好高考时失误，怎么办？也正是因为高考具有这样的情况，才使得我们带着挑战自己、超越自我的心态来应对高考，我们每天都是在对未来无法预知的情况下生活的，不是吗？但也正是这种无法预知使得我们的生活更有意义和挑战，如果每个人都知道明天会怎么样，然后就真的怎么样了，这其实也就没意思了。所以，不要总是把失误挂在嘴上，一方面，那不是我们生活的主流，另一方面还会增加我们失误的可能，如果我们很坦然地对自己说："考试嘛，就有失败的可能，为什么非要将它排除呢？"这时反而成功的机会加大了。其次，考试的过程中要敢于取舍，不要被贪心所累。你不觉得我们的小心脏很贪婪吗？哪科都想好，哪次都想比别人考得高，可能吗？我们要有满分意识，那是指你会的题，但我们不可能每题都会。我们用2个半小时，做260分的理综行不？用2个小时做130分的数学，行不？计算你得到的，而不是你失去的，让自己心情愉悦地考试。

（三）坚持到底，在考试中发现自己的不足，增强自己的抗挫折能力，以必胜的心态迎接高考

反复的考练，高考迫近的无形压力，我们无从逃避，那么，面对它吧：

考试，不是为了打倒谁，是为了寻找适合你的解题思路和答题技巧，是为了发现我们的不足与缺陷，做到这些我们就达到目的了。从现在开始，把每次模考当作挫折训练，胜不骄败不馁，让模考的胜败都成为高考的成功要素。练习体验微小进步。哪怕下次考试成绩只提高了 0.5 分，也真心庆祝战果，让成功成为"成功之母"。

He who laughs last is the best .

高考不仅是对知识的考查，心态也非常重要。

同学们，如火的六月即将到来，让我们破茧成蝶，翱翔花丛。

让我们都有机会做最美的花，享受最绚丽的人生。

用爱心诠释教师的职业道德

崂山一中 吴宏丽

作为一名班主任，我深知自己所肩负的神圣职责。为了培养和教育好下一代，我爱着自己的事业，爱着自己的学生。在教育教学实践中，我学会了如何爱护和管理自己的学生，如何使他们健康地成长。

作为教师，要想让学生尊重你，你就应当首先尊重学生，虚心听取来自各方面的不同意见，该采纳的一定要采纳，该引导的一定要引导。尊重学生，千万不能损害学生的自尊心、羞耻心，即使学生犯了错误的时候。有一件事使我对此体会很深，那是新生刚入学一周后的一天，一个学生对我说他的没了，并补充说刚才还在书里夹着。这件事必须处理好，若处理不好，不良习气会蔓延下去，一切工作会很被动。我对丢钱的学生说："我帮你找，希望你好好地配合，一定会找到！"我又对大家说："同学们，小乐的钱丢了，若谁捡到的话，请还给他！"好长时间，没人吱声。我提示："小乐，你是否想错了夹钱的位置？"小乐配合很好，争着翻所有的书本。这时，我温和地点名让几个学生帮他找。果然，一个学生在另一本书中找到了。小乐高兴地随口说："对不起，老师，是我想错位置了！"我随即说："我们班的每个同学都是好样的！在我们这个班绝不会有东西可丢。"从此以后，班里再也没有出现过丢钱物的现象。

热爱学生，我觉得应当把更多的爱送给那些后进生，因为他们更需要别人的关照。在我的教育生涯中有这么一幕：在一次班务工作调查中，我让每一位学生对老师的工作进行评价。我们班最调皮的徐某写道："老师们都不好！我学习不好，老师都不管我！"从那以后，我开始注意这个学生的表现。课间时间，我看到一个学生被什么东西绊倒，徐某马上跑过去扶起那个学生。

从这件事可以说明，他是一个善良的孩子，并不是别人想象的那么坏，什么都不行。针对这件事，我在全班同学面前表扬了他，并又单独找他谈心，鼓励他上进，使他受到莫大的鼓舞。由此我也发现了这个学生平时"调皮捣蛋"的用意是想让老师和同学们关注他。随后，我还"委任"他一个小组长的职务，让他尽情地去施展自己的能力。现在，他的学习成绩虽不很好，但较前有了很大的进步，更令人欣慰的是他已不是一个好惹是生非的人，而是一个经常做好事的人了。

对每一个学生某一方面的忽视都是过失。作为一个班主任尤其是女班主任来说，对于指导女生顺利科学看待生理现象有不可推卸的责任。我经常给全班女生讲一些生理、心理知识，让她们消除疑惑。现在全班女生都和我非常亲近，什么也不瞒我。在管理学生方面，我摸索出了一些有效的方法。比如，我学会了"牵牛"。有的学生个性很强，各种心理活动都很强烈，有个别学生难免会出现与你"顶牛"的现象。出现这种现象，不能说这个学生品质多么坏，关键是当老师的应如何引导、处理。他想"顶"你，你不妨"牵"一下，事情也就解决了。如在一次运动会的女子接力赛人选上，就出现了不顺利，跑得最快的许同学就是不参加，并说牛同学比她身体好，马同学比她跑得快。我好劝歹说都无济于事，我很生气，但不能发火。经过课下了解，我才知实情：她学习成绩一般，体育有特长，可同学们说她"不务正业"。她思想上确实有情绪。为了消除她的情绪，为班级争光，我灵机一动，站在讲台上面对全体学生说："许同学是我们班跑得最快的一个女生，大家非常羡慕她！但是，她在上周不小心把脚扭伤了，这次就不让她参加接力赛了，就让吴同学上吧（吴同学是班内年龄最小的女生）！"结果，到比赛时，大家却看到穿红色上衣的许同学在跑道上飞奔！我这一说，这一"牵"，达到了一味地训斥所达不到的效果。

在班务管理中，我深刻认识到：学生管理工作的最高境界莫过于学生自我管理意识增强，自我管理水平的提高。我为了培养学生的责任心、上进心，培养班级凝聚力，以期提高学生自我管理水平，我经常组织学生搞一些有意义的活动，锻炼培养他们。现在，老师即便不到场，学生们照样把许多活动组织得很好。班里的工作，不用班主任吩咐，就有学生主动地干。我觉得，这就是学生思想认识的提高，学生在进步，学生在成长。

教师的职业是神圣而崇高的，我将一如既往地忠实于这一职业，热爱我们的学生，因为他们是祖国的未来！我将一生徜徉在这爱的世界里。

在学生的心灵中旅行

青岛一中　尚妮娜

我带过的 2014 级 1 班是一个由 42 名男生和 9 名女生组成的男女比例有点失调的普通理科班，包括体育生和艺术生 4 名。这帮男孩比较聪明，但生活和学习习惯比较差，尤其是前 10 名的同学，有的上课总是不听讲，有的迷恋电脑游戏不能自拔，有的永远不交作业，有的坚决不吃学校盒饭……而这些不良习惯直接导致了他们学习积极性不高，学习成绩只退不进……

面对这样一群智商明显高于情商的孩子，我深深地体会到：我需要耐心和智慧去发现他们身上的闪光点，才能和他们进行心灵的交流。

一、加大情感投入，在学生的思想工作上下功夫

在高三这一年里，我把感恩教育贯穿始终，引导孩子们意识到在他们成长的过程当中汇集了许多人的无私付出和努力，只有拥有一颗感恩的心，才能体会身边的温暖和幸福，才能用力所能及的方式——努力学习去回报每一个人。

针对班里男生过多又不肯吃苦的情况，我一直向他们灌输男子汉意识和责任意识，引导他们敢作敢当，冲锋在前，能吃苦，能战斗，无论面临着什么作业或者班级工作都要本着负责任的心态认真完成。

当然我每次对学生进行思想教育的时候，都会有一个前提，那就是一定要设身处地地为他们着想，让学生们感受到我是爱他们的，这样，即使是狠狠地批他们一顿，他们也会坦然接受，认真改正。

二、和任课老师一起突围

要带好一个班级，仅仅靠班主任的努力是不够的。2014 级 1 班非常幸运地拥有一支群策群力、知难而上的任课教师团队。

我们对班级情况作出具体分析后，制定了分层目标，这些虽然不对学生讲，但我们任课教师要做到心中有数，比如"高标准，严要求""不抛弃，不放弃""纪律要严，要求要宽"等要求，不能统一而论。而且，我班任课教师还主动要求把班里的所有学生"包干到户"，每个任课教师负责"包干"同学的心理和学习方面的个别指导，大大缓解了班主任的工作压力和强度。

另外，在任课老师的协助下，我们班花大力气培养了几个精品的学习人物，鼓励他们各方面严格要求自己，为同学做出表率和带头作用，把他们树立成班级的精神领袖，在班里创造出竞争的氛围，让孩子们在自己班里就能找到 PK 的对象，目标明确比着学。

在和任课老师一起做这些工作时，可能花费的时间或精力会很多，但最后的效果会远远超出了我们的想象，在最终的高考中，2014 级 1 班 630 分以上学生 5 人，最高分 645 分，这是我们之前想都不敢想的。

三、广拜师傅，向身边的各位班主任学习。

接手 2014 级 1 班是我第一次带理科班当班主任，所以在很多方面都在摸索和尝试，教训多于经验。我们 2014 级班主任经常说的一句话是："大家好才是真的好！"幸好我的身边有并肩作战的优秀的战友们。我开始广拜师傅，不仅拜长者，也拜同龄人，不仅拜同学科的，也拜其他学科的老师为师，利用一切可以利用的机会，吸收、借鉴、模仿他们的做法。忘不了二班贾桂香老师的"给贾老师的信"；三班杜春玲老师的"高考投名状"；四班张成老师的"定期家长信"；五班段兵老师的"给班级树立一个标杆"；六班侯巍老师的"每日印象"；七班周涛老师的"小时间安排表"；八班邢爱丽老师的"本周计划"；九班孙嘉妮老师的"高考百日誓师大会"；十班曲杰老师的"每日高考誓言"。学习这些优秀班主任的好的做法，使我在班级管理中少走了很多弯路。

四、加强与家长的沟通

上了高三，我加大了与家长特别是问题学生家长联系的密度，对班里每一个孩子的在家在校学习和生活状况作了全面和具体的了解，我明确地告诉家长，在高中阶段的最后一年，我们必须打造最坚实的"家校同盟"，我还说："咱们孩子发生任何状况，一定要及时和我沟通，我随时都准备接听您的电话。"——就这样，我在给家长们提供科学的指导方法的同时，家长有什么建议也常常跟我说，甚至有一部分家长强烈要求轮流到学校来看晚修，分担我们班里的工作。我想，老师的力量总是有限的，但是如果获得了家长的支持，我们的力量就足够强大了。

高考成绩出来的那天下午，家长和学生的报喜和致谢电话不断打进来，我才深深地体会到"多考上一个孩子，多幸福一个家庭"这句话的含义。我觉得，我们所有的付出都值了。

用心雕刻，让你的作品熠熠生辉

胶南一中　高玉刚

今年在高一，又一次和一群年轻的充满活力的生命朝夕相处，感受他们生命的精彩和奔放，与此同时也又一次接受逐渐拉大的年龄差距带来的各方面沟通的困难，开始感受新一届学生颇具时代特征的各种新问题。是挑战也是乐趣！

这个班级从开学军训起，波澜不惊，没有特别的感觉，学生个性不突出，不温不火地过每一天，虽然军训考核一般，但从各方面感觉这会是比较省心的一届学生。而随着军训的结束，紧张的学习生活扑面而来，班级中也开始出现各种各样的问题，学生也从军训高压下的毕恭毕敬开始"蠢蠢欲动"了。首先是宿舍管理内务纪律开始频繁出问题，然后是自习纪律也远没有开始时的安静，个别学生在自律性上开始暴露出大大小小的问题，像任何一届高一学生一样，不少学生很长时间一直适应不了高中的学习方式，不会上自习课，课堂效率低下。

针对班级出现的问题，我及时作出整顿，调换班干部、舍长，加强值日班长的培训，召开出问题较多学生的"批斗会"，耐心细致地给他们讲道理，从大局出发，换位思考。其中一男生宿舍整改出色，学生觉悟高，集体荣誉感强，很快被评为学校文明宿舍，而且每周都是，无论学习和常规都在班级中作出了典范。女生宿舍管理难度大，尤其是其中一个宿舍，问题频频，打铃后随意下床，洗手洗衣服，吃东西，看书等，成为"重灾区"。针对这些问题，我不得不出狠招，与部分家长做了深入沟通，对违犯问题较多学生采取强制走读一段时间的措施，用一周的时间每天上午去宿舍检查内务整理情况并拍照在班内进行通报表扬或批评，这样女生宿舍也整体上步入正轨，违纪开始减少。

对于常规管理，"严"字当头固不可少，但找出问题所在，有理有力地处理问题，关注细节，常抓不懈，才能"标本兼治，解决问题"。习惯养成不是光说说就可以的，最重要的是执行力！

针对学习上不适应的问题，我召开了"如何上好高中自习课"的主题班会，月考后让部分成绩优秀、学习习惯好的学生做了典型发言。对个别偏科严重的学生进行了细致的学习指导。部分学生由于接受不了由初中的倍受宠爱到现在的貌似被冷落的强大落差，自信心很受打击，我专门对这类学生进行了心理指导，让他们认识到初高中学习的差异，要以平和的心态对待学习，切不可让情绪左右自己的学习，并联系任课教师，加强对这部分学生的关心，他们也开始慢慢树立自信，学习状态渐入佳境了。针对部分成绩下滑较大的学生，月考后召开小范围家长会，全面分析成绩下降原因。教师联系会上重点分析这部分学生，针对弱科将他们分包给任课教师，加强这部分学生的作业检查落实情况和课堂提问力度。经过一番努力，这部分学生多数已经赶了上来，甚至超越了中考的名次。我们班在历次大考中，尖子生和一本生的数量也名列前茅，期末被评为先进班级。

学习问题相比常规问题隐蔽性更强也更复杂，改变也需要时间、耐心毅力，作为老师，既要善于观察更要会对症下药，显现出来的类似纪律的问题还好说，更多的是要洞察学生的内心，从各种角度分析学生的学习状态，相信只要找到问题，就有解决的办法。

班级年前期末出现了几例有早恋苗头的学生，着实让我吃惊，因为众所周知此类问题堪称世界难题，但总要去面对去解决，消极对待只能让问题蔓延扩大。鉴于问题发现得早，我及时与家长作了沟通，因为正值期末，我觉得不适合给学生点破，先冷处理，考试完后的寒假里，我与家长作了长时间地沟通交流，让他们也要沉着冷静，不宜急躁处理，但要观察并旁敲侧击。开学后，我找了个时间分别与学生交流了看法，还是没直接点破，让他们谈自己的看法，我也在班会上作了暗示，正确引导学生树立健康的恋爱观，而不是盲目赶时髦，用鲜活的案例给学生以警示。

对这类棘手问题，软硬兼施是必须的，但一定要掌握好"度"，弄不好就会适得其反，一定不要把这个问题天天放面上大讲，这样原本没有的事也会发生"众口铄金"的情况，有的时候视情形冷处理效果会更好。

班级管理是一门技术，更是一门艺术！我们每一个班主任就是一个雕塑的工匠，学生就是我们手上的一个个雏形毛坯，发展成什么样子，取决于老师的技术，用心去雕刻，相信你的作品一定会熠熠生辉，成为价值不菲的艺术真品！

良言一句三冬暖

——班主任的表扬艺术初探

崂山一中　马千里

班主任工作中，表扬是最重要的工作手段之一，如果运用得恰到好处，不仅能够使学生充分建立起自信，诱发出其内在的克服困难、积极向上的激情和动力，还会使良好的道德行为在班集体中得到及时的推进和强化。中国古代的谚语说："良言一句三冬暖，恶语伤人六月寒。"由此看来，作为班主任老师，切勿恶语、恶行随便伤人，一句不经意的赞扬鼓励，往往使学生如沐春风，精心设计的表扬，更能取得良好的教育效果。

班主任的表扬就其对象来说，包括对班干部的表扬，对优秀学生的表扬，对后进生的表扬，对一般学生的表扬，对班集体的表扬等几个方面。本文主要从对优秀生和后进生如何进行表扬的角度来谈谈自己的看法。

摘要：表扬是班主任做学生思想工作的重要手段之一。运用表扬艺术能够激发学生的潜能，使学生建立起自信，诱发出其内在的克服困难、积极向上的激情，还会在班集体中使良好的道德行为得到及时推进和强化。班主任表扬艺术的范畴，包括表扬应遵循的原则及其理论依据，表扬的途径和方法，表扬应注意的问题等。对于表扬，不能肤浅地去理解，泛泛地去运用，表扬不是万能的，表扬也有无效的时候，表扬更有其内在的规律和需要注意的事项。

关键词：高中；班主任工作；德育工作；表扬；尊重；鼓励；引导

一、班主任对优秀学生的表扬艺术

优秀学生是指那些思想进步，学习成绩突出，有健康的体魄，积极主动参加各项活动，在学生中威信高，能出色地完成学校、老师交给的各项任务的学生。

（一）对优秀学生表扬的原则

1. 以鼓励为主的原则

优秀学生是班级的中坚力量，是班级工作的积极支持者，各项活动的主动带头人。他们虽然人数少，却有巨大的影响和鼓动作用。班级工作"两头都要抓，两手都要硬"，既要注重后进生的转化工作，更要注重优秀学生的楷模作用。要经常注意优秀学生新的进步，对他们的成绩要及时表扬，使优秀学生意识到班主任在时刻关心着他们，这样就会督促自我向更高的目标发展。

2. 树标兵原则

榜样的力量是无穷的。在班级树标兵，就是给学生立样板，同时要与学先进人物的活动紧密结合起来。这对优秀学生是极大的鼓舞，对其他学生是极好的鞭策。这样能使学生感到前进有方向，进步有尺度。

3. 巩固性原则

优秀学生是学生中的优秀代表、学习的榜样。他们经常受到老师的表扬、学生的称赞，骄傲自满的情绪极易滋生，个别学生又容易滑坡。在表扬他们的同时，还要提出新的希望和要求，以巩固他们所取得的成绩，激励他们向新的高度迈进。

4. 严格要求原则

在人才的培育方面，中国有一句俗语：严师出高徒。对优秀学生的培育更是如此。在表扬优秀学生的同时，还要经常帮助他们查找自己的不足之处，并提出今后的希望要求；要经常与家长沟通情况，对学生要求一致；要多与科任老师取得联系，发挥多元化的教育优势，取得最佳效果。

（二）对优秀学生表扬的途径和方法

1. 班会的表扬

要利用班会，对优秀学生在全班学生面前进行表扬。对优秀学生在前一段时间内各项活动中所取得的成绩给予认真恰当地表扬，使全班学生都受到鼓舞。对优秀学生的表扬要做到影响面广，受教育程度深。

2.奖励表彰

奖励表彰是以物质或精神奖励为主的表扬。学期或学年末，学校或者班级对优秀学生要进行表彰。物质表彰不宜太贵，一是班费资金有限，二是太贵会导致学生有其他想法，应以生活日用品、学习用品为主；精神奖励以奖状、证书、纪念章或纪念照等为主。

3.家长会表扬

在家长会上对优秀学生要点名表扬，把他们在学校的成绩如实认真地介绍给家长，使家长进一步了解子女在学校的表现，共同采取一致的鼓励措施，以更好地发挥社会教育的作用。也可以采取家访、书信等形式把学生在学校的优秀成绩介绍给家长，达到共同表扬的目的。

（三）对优秀学生表扬应注意的问题

1.注意偏爱、溺爱的问题

优秀学生是班级的尖子、骨干，各项活动常取得名次，得到老师的信任和同学们的夸奖。对他们的表扬要从关心、爱护出发，不能偏爱、溺爱，要使学生以成绩为动力，今后争取更大的成绩，防止出现骄傲自满，走下坡路的倾向。

2.注意提示不足的问题

优秀学生优点固然很多，但也存在着很多不足。要善于发现他们的弱点，多利用交谈的机会，以提希望的方式指出他们的不足，使他们虚心接受，不断进步。

3.注意全面发展的问题

对优秀学生的培养教育，要高标准，严要求，全面发展。学生的德、智、体、美、劳诸方面都要培养、锻炼、提高。

二、班主任对后进生的表扬艺术

对后进生成绩的表扬，应遵循哪些原则、途径和注意的问题，是班主任工作艺术的重点之一，也是难点之一。

（一）对后进生表扬的原则

1. 以鼓励为主的原则

鼓励是学生进步的动力，尤其是后进生，要热心地关照他们，耐心地做好他们的转化工作。缺点不是后进生所固有的，要善于发现后进生的长处，善于寻找闪光点，鼓励他们进步。他们取得的成绩哪怕是点滴的，都是难能可贵的，要给予及时的表扬、热情的鼓励。

2. 以引导为主的原则

进步并不是优秀学生的专利，后进生也有进步的心理要求，有时甚至也很强烈。在给予他们精神鼓励的同时，要给他们指出进步的方向、改正错误的措施，并做到经常检查和督促，做后进生的知心人、引路人。

3. 以促进转化为主的原则

后进与先进是相对而言的，一切事物都是发展变化的，后进生也不是固定不变的，也可以向好的方面转化。对后进生的转化教育不能急躁，要像医生对待患者一样。特别要培养学生的自尊心和自信心，要做到动之以情，深于父母；晓之以理，细如雨丝。使他们缺点得以克服，优点和长处得到更好地发挥，逐步得到转化，向先进行列迈进。

4. 扬长避短、长善救失的原则

尺有所短，寸有所长。对后进生的教育，要善于发现他们的长处，及时表扬、鼓励。在公开场合，尽量避开谈论后进学生的过失或不足，以减轻他们精神上的负担和压力。绝不能采取粗暴、压服的教育方式。

（二）对后进生表扬的途径和方法

1. 班会表扬

对做出成绩的后进学生，可在班会上进行表扬。表扬的材料要真实、可靠，有影响力。必须使后进生感到自己也能进步，也可在全班学生面前受到表扬。这就增强了他们进步的自信心。

2. 单项奖表扬

既要善于发现后进生的长处，又要适当地举办各种相应的竞赛活动，给后进生创造表现自我的机会，使他们的特长得到充分发挥，给他们某个方面的奖励，增强自尊、激励进步。

3. 谈话表扬

对有进步的后进生，利用课余、活动之余找他们谈话，以谈心的形式，对他们进行鼓励、表扬，使他们在亲切自然的气氛中找到进步的勇气、力量和方向。这种表扬，效果极佳。

（三）对后进生表扬应注意的问题

1. 寻找闪光点的问题

寻找闪光点是班主任表扬后进生促使其转化的突破口。要善于寻找他们的闪光点，哪怕是美好心灵闪现的一瞬间、一刹那也要抓住不放，一定让同学们都能看到或认识到他们的闪光点。班主任要领导、组织开展相应的有教育意义的活动，调动后进生的积极性，促使他们都参加到集体活动中来，在活动中表现他们，在活动中培育他们。

2. 注意避免对后进生公开分类问题

表扬进步的后进生，注意避免影响其他后进生的自尊心。侧重表扬一部分，带动另一部分，不能把后进生分成进步的、没进步的或差的、最差的。要注意后进生的哥们儿义气，避免小团体意识的形成。

3. 注意表扬的场合问题

对学生表扬是严肃的事，尤其是对后进生的表扬，不要出现随意性，不能引起同学的注意，表扬效果也不佳。班主任对后进生表扬，一定要选择恰当的场合，如班队会、总结会、家访、师生谈话等，它能引起学生的高度重视，使后进生受到鼓舞和教育。

总之，表扬的形式多种多样，根据表扬对象的不同，有不同的原则、不同的方法，正所谓"教无定法"，班主任工作也没有什么固定的模式，只要你抱着一种爱学生、关心学生的成长、竭诚为学生服务的信念，用心去理解你的班级、你班级的每一个学生，发自内心的表扬学生身上的每一个闪光点，你的表扬一定能从学生身上得到正面的反馈，学生一定能感受到你的善意、你的苦心和你对他的期望。让我们用表扬去激发他们的潜力。

"三心""二义"，师德之义

崂山二中　韩江红

宋代张载（字横渠）曾言："为天地立心，为生民立命，为往圣继绝学，为万世开太平。"其中的"为天地立心"，就是使生之为人能够秉具博爱济众的仁者之心，和廓然大公的圣人之心，这或可成为班主任的指导之则。

我所谓的"三心"，即爱心、耐心和信心，这是我班主任工作中的"法宝"。

摘要：爱心，是做好班主任工作的前提和基础。耐心，是教育"爱心"的一种具体体现，是实现教育目标的保证。信心，是教师给予学生的最好礼物。以教师之爱心、耐心，激荡起学生的信心满怀，班主任的教育也就成功了一半。

关键词：为天地立心；仁者之心

一、爱心是做好班主任工作的基础

有了关爱每一名学生成长的热切之心，才能够切实为每一名学生的成长着想，才能做到"有教无类"和"不抛弃、不放弃"。

小涛的家庭很凄惨——其父累年积疾，下身瘫痪，母亲身体羸弱，心力衰竭，两人都没有劳动能力。家庭的煎熬遥遥无期，所造成的学业的落后亦遥遥无期，这让小涛看不到希望，让本来就少言寡语的他抑郁不堪，甚至扭曲了他的心理。终于，可怕的事情发生了。

同学跟我反映，小涛拿着刀片（剃须刀用的那种）割划手腕、手心和手背。我找到小涛，两只手捂着他的右手，冰凉——他左手戴着手套，似乎很紧张，很僵硬，呼吸急促，一言不发。

我相信，此时只有"爱"才能打开他的心结，所以不断地轻言细语地宽慰他，让他相信我。就这样大约过去了一个小时，我的手已经把他的手焐热了。我明显地感觉到他的肌肉不再那么紧张。

我终于问："我听同学说你弄伤了自己的手，老师看看好吗？"

"老师！"他就像一块终于被融化的冰，突然眼泪涌出。

慢慢地，我脱下他的手套——他的手令我惊呆！手心手背布满了一道道伤疤，手腕上的伤疤有五条，其中三条明显是刚刚割过的！

他的心里到底承受着多大的压力啊！什么样的压力能够让他的思想数度挣扎于生死的界线！他给我说，他看不到希望——上完高中三年，还有大学四年……

终于，经过本人和家人的欣然同意，小涛顺利转学到了当地最好的一家职业学校，学习汽修。半年后，由于表现优秀，他被推荐到上海大众的一家售后店做实习，因为表现得好，毕业后被老板留下做正式工人。

半月前，我接到小涛的电话，高兴地说他涨工资了。我问他，家人怎么样？他说，父母身体还是那样，起码医药费有了些保障。

我似乎看到了这位 18 岁少年的双眼里闪烁着希望的阳光。

二、耐心，是教育"爱心"的一种具体体现，是班主任工作取得学生认可的前提，是实现教育目标的保证

当学生出现问题的时候，能够对其正确教育，以耐心感化并纠正之，善莫大焉。

小婷性格活泼开朗，自幼备受家校宠爱，从初中时就初步成了年级同学中的"大姐大"。随着年龄增长，尤其是上了高中后，她交往面越来越宽，性格变得有些不羁，家长也意识到问题的严重，但基本是无奈的态度。

由此而出现的问题很多，以至于她屡犯纪律，已经给我写了十二份各式各样的保证书。

小婷"又"来请假，我问她为什么请假，她说肚子疼，回家。

我把我的手机给她，让她打电话给家长来接。她拨弄了一会手机，自言自语似的说了一通，之后关掉电话，跟我说，她爸爸忙，没法来接，让她自己回家。

我感觉她的言语有些含糊，立即产生了怀疑。拿起手机，查看通话记录，第一个电话确实是婷的爸爸的号码——但是，通话时间是 0 分钟。

她根本没有拨出去，又在演戏骗我呢。我心里又生气，又觉得好笑。

处罚她？还是弃之不管？

虽然教育不是万能的，但是我一直认为，决不能放弃任何一个学生。

我耐心与之谈心，终于撬动了她内心的屏障，她跟我说了实话——原来，她约了几个朋友，要出去玩——在学校学习实在没有意思。最后，她向我承认了错误，并保证以后决不会做出这样的事情。

于是第 13 份保证书诞生了。

……

一份份保证书，见证着小婷一点点的改变，实现着一点点的进步。

高中三年，她完成了基本的文化课知识的学习，确定了正确的人生航向。最后，她顺利地通过了青岛职业学院的自主招生。她在收到通知书后的第一时间给了我短信："老师，没有您的耐心指引，我无法走到今天。"

三、教育中的"信心"是双向的，甚至是共生的

班主任的信心是育人的不二法宝，也是令学生产生信心的因缘。当教师以满怀之信心，激荡起学生的信心之满怀，班主任的教育也就成功了一半。

学生小赟是一个"个性"的学生，迷恋上网，穿洞洞裤，染红色发。这源自他曾经受到的一次打击——一位老师批评他是"扶不上墙的泥巴"，对他造成了严重的心理打击。其实他骨子里要强得很，所以他通过"个性"来获得别人的关注。

分到我的班之后，我特别注意培养他的自信心。我总是告诉他："老师对你充满信心。"尤其是有一次，他的成绩小有进步，我"狠狠"地表扬了他。自此之后，他不再"个性"，而是竭尽全力，力图守住自己的既得荣誉。我对他的信心，激发出了他自己的自信。

高考，他取得了非常好的成绩。他在我的博客上留言，说道："老师，您在我的内心注入了顽强的信念，所以我取得了满意的成绩。"

四、除了"爱心""耐心"和"信心"这"三心"之外，还有"深义"和"仗义"之"二义"

"深义"，即在学生工作中，尤其是在与学生的沟通中，须阐明深义，扣动心弦，让爱心在耐心中涌现，让信心在爱心中常驻。"深义"是班主任自身历练的本领，是爱心的言语行为体现。只有相信学生，才能让自己的话语贴近学生心坎；只有真切呼唤，学生内心深处"美"的种子才能萌发。

"仗义"，在"辞海"中解释是"①主持正义。②谓讲义气"。在班主任工作中，既能秉持公正，又能与学生打成一片，与学生共命运同喜忧；为学生保守秘密，做可靠的师长和可信赖的朋友。这是实现教育目的的"加速器"。

正所谓，以爱心导之，以耐心责之，以信心劝之，不因其顽劣而嫌弃，不因其无知而放弃，不因其屡过而抛弃，此乃教育之真手段。

班主任就是那条奔流不息的河

崂山二中 刘晓黎

经常听人们做这样的比喻，教师好比"水桶"，要向学生灌输一勺水，自己必先蓄满一桶水。如果以此类推的话，那工作量更为巨大的班主任则更应该是一条河流，他奔腾不息，他有源头活水，他应该永不枯竭，仅仅润物细无声依然不够，班级管理还需要有旺盛的生命力，不竭的智慧，不舍的耐力！所以说班主任该是那条奔流不息的河。

我们班有一个男生，他上课睡觉，无精打采，对老师布置的作业视若无物，隔三岔五逃课旷课。我叫来父母一起分析他的情况，试图解决问题，结果发现他对父母态度更恶劣，叛逆心理强，把与长辈及老师作对当成了家常便饭。

我清醒地意识到，必须从根本上及找到原因：首先找出导致学生出现这些问题的诱因，追根溯源才能解决根本上的问题。我从他的父母、朋友那里进行深入了解，试图还原他的成长踪迹，在与他父母的交流中，我们了解到由于父亲的性情暴戾倔强，又不善于言辞，很少跟孩子心平气和地谈话，孩子跟他关系一直疏离。这种对父亲情感的抗拒表现为态度上的反感，我和他的父亲认真地谈了一次，时间将近两个小时，提出了本次谈话的主要目的，希望家长能收敛自己的喜怒随意的性情，用温情去打动孩子，用平和的脾性去对待事情，既是对孩子的一种情感关照，也是家长自身的修行，多用心关注孩子的学习生活，让孩子觉得父亲不仅是养他的那个人，还是教育他的那个人，更是可以用心灵去跟他交流的那个朋友，其父亲听后感触很深。面对老师的真诚，这位父亲意识到作为家长的他，确实对孩子的教育欠缺耐心，关心不够，长此以往，对孩子的健康成长极为不利，自己也会悔之不及。

　　正如苏霍姆林斯基说的："儿童的智慧在他的手指尖上。"而只有真正进入孩子的内心世界，才能了解他们丰富的智慧和细腻的内心世界，才能与孩子更融洽地相处。不要觉得我们的学生已经是高中生了，趋近于成年人了，就可以完全理解成人世界的逻辑，就可以像成人一样思考，他们有他们青春期的迷惑，就在于，他们即将成人，却害怕长大！想要展翅高飞，羽翼还未足够丰满，教师也好，家长也罢，帮助他们展翅高飞是责无旁贷的任务，更需要教育的智慧，爱的支撑。

　　父亲的问题解决完了，接下来该是我的这名学生了，首先，我抓住一些可以利用的时间和他谈心——让他先说出对父母的看法，然后班主任跟他分析父亲脾气暴躁的原因，暗示其父亲已经意识到问题的所在，并会慢慢地改正，他心理上能释放怨恨，消除叛逆心理。中学生阶段，学生两极分化趋势明显，泰戈尔说："聪明的人懂得如何教育，愚昧的人知道怎样打击。"我总是在跟他谈话前，先抓住一两个近期在班级里的有亮点的表现，大家进行表扬，赞赏，并提出下一步的希望，给予鼓励，让他们真正感觉到老师在关注他、在关心他、想帮助他，永远不会放弃他，这样才能从根本上消除他们的逆反心理，促使其转变。相较于简单、粗暴的教育方式，这样的一种交谈方式，可以首先让学生的心变得柔软，然后他才会放下戒备与抗拒，敞开心扉。他需要的是一种认可、一种肯定，他需要老师给他一个积极健康的方向，这样他才变得真正强大起来。这只是心理上的一次突破，然后，我开始准备让这名男生在充分反省自己的基础上，试图跟父母进行深入的沟通，我把这些想法化整为零，今天我们谈谈自我批评的重要性，隔几天我们再想想换位思考有什么好处，再过几天我们再聊聊有一颗宽容之心该是多么重要，之后，如何学会冷静，怎么改变烦躁和倔强的性格，逆反心理到底有什么坏处，心情压抑的时候该怎么正确宣泄自己的情绪，几乎每隔几天，这类的话题就是我们可以聊上一段时间的话题，我们聊得轻松愉悦，无所不谈，我打个比方，你举个例子，谈话气氛特别的融洽，最后我往往会因势利导，让他周末回家也利用这种说话方式跟爸爸妈妈聊聊，话题可以很宽泛，跟爸爸聊聊打球，跟妈妈聊聊家长里短，只要有的聊，能聊下去，越聊越开心，就是最大的成功。几乎每个周末返校回来，他都会兴奋地跟我说，他又跟爸爸聊到多晚，又陪妈妈聊了买菜的一路，也发现父母的心灵世界也是敏感和丰富的。看着他兴奋的表情，我忽然觉得自己也兴奋起来了。

父亲节那天，我建议他写一封信给父亲，他问我写点什么好呢？我说你怎么想的就怎么写，不要羞于表达对父亲的感情，也不必刻意要讨好父亲，说出你的困惑也好，说出你的忧虑也罢，只要是真实地表达，相信你的父亲会感动的，他在信里有这么一段话"爸爸，我故意制造麻烦，故意跟您作对，想用最桀骜不驯的方式宣告我的存在，现在想想对你和妈妈是多么大的伤害，也让自己陷入一种矛盾痛苦中。这段时间刘老师跟我谈了很多，使我明白了许多道理，我决心以后做个积极阳光的学生，听话的好儿子。"

班主任的工作是繁重的，是琐碎的，事无巨细之时也需要条分缕析，并灌注以爱心，所以说班主任是条河，是因为他有源源不绝的教育智慧，面对不同的孩子，开启不同的交流方式；班主任是条奔流不息的河，是因为他始终是动态的工作，他不能停止，他的一颗育人之心是永动的！

春风送暖，温言解开心中结

崂山一中 吉爱中

高中三年是学生成长的黄金阶段，很大程度上决定了学生未来发展的可能性和成年后的社会地位。高中课程门类增多，内容加深，学生（特别是寄宿制学校的学生）要用很多精力安排日常生活，适应青春期生理心理的一系列变化，学会独立生活、自主学习，培养良好的生活习惯和学习习惯，建立新的成长坐标。这是一个挑战。在此过程中，有一些学生会遇到困难或遭遇挫折，产生心结。这需要老师进行人性关怀，用恰当方式化解其心结，让他们轻松地跨过心中那道坎，从而健康地成长。下面我结合工作中遇到的一件事谈谈我的感想。

摘要：与初中相比，高中阶段学生在学习和生活上都面临新的巨大挑战。在成长的过程中，一些学生会遇到困难或遭遇挫折，产生心结。本文结合工作中遇到的一个具体案例谈谈教师如何应对，进而帮助学生战胜挫折、解开心结。

关键词：高中生；教师；挫折；心结；尊重；信任；期望

一、情境回顾

崂山一中是一所寄宿制高中。有一天，第二节晚自习下课后，我从高一五班出来，决定到六班教室里看一看。为什么呢？我是他们的政治老师和副班主任。我轻轻推门而入，环视教室里的学生，他们生龙活虎的，我很高兴。我又仔细看了看，发现小玉趴在课桌上低声哭泣。我走到她课桌前，问她为什么哭，她没有说。我随手拿起摆在课桌最上面的笔记本翻看，字很漂亮，第一页是篇关于曲折的文章。我问问她边上的同学，了解了一下大体情况。

二、我的分析与应对

第三节自习铃响后，我把她叫到走廊。当时虽然刚参加工作不久，我和第一批学生接触3个月了。我知道小玉很懂事，内心很要强。当时期中考试刚过，学生都知道自己的成绩。我想她之所以哭泣，很可能是因为期中成绩或者家里的缘故，我准备和她谈一谈。

1. 第一次谈话

我问她是不是因为期中考试未考好，她点点头。原来，她把成绩告诉了父母，而她父母没有责怪她，只是希望她好好用功争取把学习搞好，她感到很难过。

怎么办呢？我想起了皮格马利翁效应和她的那个笔记本。我告诉她："你的字写得很漂亮，我很羡慕。你这次没有考好，把考试成绩告诉爸爸妈妈，他们没有责怪你，你感到很难受，是吧？"她点了点头，"你这么想，说明你还是一个很不错的学生。你心里面很要强，不希望以后还是这样，想让自己爸妈能够为自己的女儿也就是你而感到高兴，我说的对吧？"她又点点头表示赞同。

想到那篇《曲折》，我就从曲折入手跟她谈谈："人一生的路很长，在漫长人生道路上，我们每一个人都难免会遭遇挫折，品尝一些烦恼与忧愁。比如这次考试，你考得不好，不理想，自己心里感觉很难受，这就可以看作是人生道路上的一个小的挫折，这是很正常的。换作老师我，我也会感觉心里难受。你的心情我可以理解。"

"老师也读过高中。在我的记忆中，爸妈很少说我，更别说打了。我上学的时候，从小学三年级开始，不管考试结果如何，我都主动告诉父母。我觉得，这是一个态度问题。考得好了，得到夸奖。考得差了呢？我考试没考好的时候，他们也没有骂我或者打我，他们只是慈祥地看着我，目光中带着深深的期望与信任，嘱咐我要好好学习，要对得起自己。每当我遇到这种情况的时候，我的眼中会饱含泪水，我忍着不让它留下来，我在心里告诉我自己，我要坚强一些，我要勤奋一些。小玉，你知道为什么吗？你能猜到吗？"她"嗯"了一声。

"为什么呢？因为，透过那种眼神，我能真切地感受到父母的那种爱，那份关怀，那种期望。有时候，我也和你一样，真希望父母打打自己，骂骂自己，这样我心里更痛快。可是，他们没有这么做。我能体会到他们的心、他们的情，他们太辛苦了；作为子女，我想，我要有颗感恩的心，我应该尽力让他们能够为我而感到高兴。你是不是也有这种想法？"

"我上学的时候就想过，我是我，但是，我不仅仅是我自己。我估计，你多半也想过。现实生活中，人都具有一定的社会性，身兼有几种角色，内心里面都渴望得到别人的尊重、关怀、赞美和鼓励。你觉得是不是？"

"小玉，我们都在高中了，我是老师，你是学生，要真正地明白，失败乃成功之母。失败为什么是成功之母呢？它怎样才能成为我们走向进步、走向成功的助推剂、促进剂？"

"面对困难、挫折，面对不如意的事情，我们不能气馁、不能打退堂鼓，该怎么办？要勇敢，要坚强，要动脑筋。为什么呢？因为我们退缩我们逃避都于事无补、毫无益处，并且很多时候我们逃避不了。困难，挫折，它们本身就可以被视为一种非常宝贵的财富。而它们能否发挥好的作用，其关键就在于我们自己，在于我们是否善于并且能够及时地进行总结。总结什么？总结一下其中的经验与教训，寻求改进之道。对吧？"

"比如，这次考试，你就应该思考一下，自己为何没考好，原因是什么，问题出在哪里，考得好的同学他们为什么能考好，自己该怎样做才能考好。你仔细想过没有？要对比一下，肯定优点，找到自信，找出不足。"

"上高中了，我既然来了，就要想一想，规划一下。规划什么呢？一、目标。我高中三年总的目标是什么，每一年每一个学期的阶段目标是什么？每一个月每一周的小目标是什么？要想好目标，将大的目标细化一下，成为一个个小的目标，这样才容易实现，也比较有信心实现。目标太大了，一下子实现不了。打个比方，瘦人一口气吃不成胖子，你说是不是？"

"自己一天 24 小时怎么分配？一天中，什么时候该睡觉，什么时候该吃饭，什么时候该好好活动一下？你是怎么做的呢？"

"高中阶段，要学习语数外政史地物化生等学科。各个学科，它的特点是什么？每一个学科学习要注意什么方法？你有没有主动问过老师？你有没有好好想过、做过？"

"学习的程序问题，自己会不会预习、听课、复习？明不明白预习的要求和目的是什么？上课了，听课的时候，你知不知道什么时候可以松懈一下，什么时候必须集中注意力？"

"课堂上，老师一般会提一些问题，你有没有主动回答问题？一个人的自信、能力、素质，是要靠自己不断把握机会慢慢培养的。老师给了机会，自己把握住了没有？自己敢不敢去把握机会锻炼自己呢？我想起一句词，'弄潮儿向涛头立，手把红旗旗不湿。'要有胆量和自信。实际上，课堂上老师提的问题，你回答错了，老师也不会责怪你的。要敢于把握机会锻炼自己，说出你的想法看法。你说是不是？"她说是。

"知不知道怎么记笔记？什么地方该记什么地方不该记？是老师写的全记下呢，还是简单扼要地记那些自己不懂的地方？这里有个方法策略的问题。"

"各科的作业，特别是数理化的作业，比较多，你知不知道该如何取舍？对你而言，你能承受多少作业？新课学习完了，是接着就做老师布置的作业呢，还是先复习一下所学知识，尤其是那些自己不怎么懂的部分？"

"考试了，对自己做错的题目，你是怎么处理的？有没有经常出现这样的情况，一些题，自己错了，老师讲了，然后自己考试又错了？过了一段时间，比如一个月，你有没有把各个学科主干知识点整理一下，查查漏，补补缺？"

每说一段，我就停顿一会儿，征询一下她的看法想法。谈到这里，我让她回去想一想。对我提出的问题，她有很多都没有仔细想过。谈过话后，她心情大为好转，走回了教室。我很欣慰。

2.第二次谈话

通过询问她附近的同学，我知道她给家里打过电话。担心小玉家里出了事情，我便把坐在她前排和她关系较好的小爽叫出来，得知小玉家里没有什么事情。我们谈了一小会儿，这时小玉又出来了，告诉我她没事。我让小爽先回教室。

我又向小玉了解同学们学习、作业、饮食、活动和晚休等情况。学生的作业量较大，尤其是数理化，对一般学生而言，作业量大，又很难做，很多学生感觉压力大，晚上睡不好觉。我就跟她谈了一下我的想法，把我以前的做法告诉她作为参考。我鼓励她多和老师沟通，提前预习，听课要把握重点，记笔记要有所侧重，及时复习，先复习后作业，作业要学会取舍，上课要抓住机会多多发言，锻炼自己，要对自己有信心，一步一个脚印向前走。另外，用感恩之心回馈父母，在家的时候，可以替父母做做家务，和他们聊聊天。我还给她讲了《资治通鉴》中的一个小故事："汉灵帝时，太原孟敏出行，途中不慎失手打碎了一只瓦罐，但见孟敏径直前行。名士郭泰甚感奇怪，便问其故。他答曰：'瓦甑已破，不能复用，顾之何益？'"这个故事讲的是什么意思呢？生活中的我们应该学习孟敏，善于权衡利弊，要知道悲悲切切远不如轻装前进，人生的道路弯弯曲曲，一味地苦闷烦恼，是完全没有必要的。面对烦恼，豁达开朗远远胜于闷闷不乐。

最后，她脸上笑容重现，对我表示感谢，笑着走回了教室。学生高兴，我也很高兴。

3. 后续工作

第二天，我把自己收集整理的一些材料给她看，比如《启程》《老驴的转变》等等。几天后，我借给她一本书——《思考创造奇迹》，嘱咐她看看想想，和我交流一下感想。

三、我的感想

几年过去了，现在想来，和学生交流可以做得更好一些的。第一，注意谈话场合。当时如把学生叫到办公室交谈氛围和效果会更好一些。第二，多让学生谈谈他们的内心想法，说出心里话。我说的太多，而学生说的太少。第三，将谈话效果扩大化。将谈话中所提的一系列问题通过多媒体等方式展示给每个学生，让他们把这些问题好好想想，写出自己的想法，然后交给我，我找时间和他们交流一下。这样去做的话，效果估计要好得多。

授人以鱼，不如授人以渔；授人以渔，不如使人悟其渔识。我国最早的一部教学论专著《学记》讲："安其学而亲其师，乐其友而信其道。"教师要不断学习，提高自己的专业素养、人文素养和人格魅力，教育有方，注意策略，待生以诚，有亲和力和感召力，在学生中树立威信。尊重、信任和期望能产生巨大的力量。在教学中，在和学生的交流谈话中，特别是在对个别特殊情况学生进行心理疏导的过程中，应该尊重学生人格，放低姿态，平易近人，营造宽松的氛围，激活学生的兴趣，得到学生的信任，如同春风送暖一般，温言暖语解开学生心结，帮助学生战胜困难与挫折。

第四部分
学习感悟——外出学习与读书

冰城，火热学习进行时

——吴宏丽名班主任工作室哈尔滨学习有感（一）

学，然后知不足；教，然后知困。

带着满腔的学习热情，吴宏丽名班主任工作室一行八人在主持人吴老师带领下远赴冰城哈尔滨，参加"全国中小学班主任核心素养与管理艺术高级研修班"，接受名师教诲，聆听名师之声。老师们收获颇丰，下面是来自他们的不同的声音。

个人感悟

主持人吴宏丽老师：冰城，"淫雨霏霏"，坐在会议室里，聆听着不同专家的教诲，心中感慨万千。少有的闲暇，我不断地反思着自己。郑重老师提供的每一个优秀班主任的案例都给了我极大的启示，让我意识到自己的差距和不足！

回想自己的带班经历，做了很多，取得了一定的成绩，但往往疏于系统的反思和总结！每一次新接手一个班级，我都会针对实际情况提不同的目标要求，以便让孩子们明确自己这一学期，甚至这三年的努力方向，在这三年里，我也会通过各种各样的活动来强化这些要求。回首想来，由于种种原因，留存的资料却不是很多。

再者，我很喜欢和孩子们在一起，每一届学生，我都会竭尽全力地去关心爱护他们，牺牲自己的休息时间去陪伴他们，在我心里，爱真的是情感，是责任，是奉献，爱学生已经是我的习惯！我秉承着身教重于言传的原则，希望孩子们从我这里首先学到的是如何做人，其次才是成材！从内心深处，我真的是把他们当成自己的孩子，寄予厚望，一旦达不到既定目标，我可能就会很失望，甚至会伤心流泪。郑老师的话给了我当头棒喝——你会爱学生吗？班主任一定要明确自己的角色定位。我忽然明白，自己有时候有些角色混乱了。爱学生，给予他们所需要的，授人以渔，更要授人以"欲"，做学生喜欢的人，上学生喜欢的课，那才是班主任该有的素养。

崂山一中马千里老师：我印象最深的是教育部中小学校长"国培计划"首批专家、2015年度辽宁省"最美讲师"、辽宁教育行政学院兼职教授、铁岭市教师进修学院党委书记郑重老师为大家做的两场报告，上午报告的题目是《中小学班主任的专业素养》，郑老师用翔实的案例介绍了他在工作中接触到的全国各地优秀班主任的事迹和做法，然后提出了班主任专业素养的几个方面，最后讲了班主任的自我管理。他认为班主任应该做到"做事雷厉风行、待人春风拂面、表达和风细雨、表现迎风招展"，班主任想改变学生，应该先学会改变自己，一个人的自动化行为叫习惯，一群人的自动化行为就叫风气，只有具备优秀的个人和自律习惯的班主任，才能带出具有优良风气的班级。

下午报告的题目是《做一名学生喜欢、自己幸福的教师》，他用风趣幽默的语言表达了"达成被爱，让每一个学生成为爱的聚焦；引导施爱，让每一个学生成为爱的源泉；启发自爱，让每一个学生成为爱的堡垒；反思偏爱，让每一个学生享受爱的阳光"，赢得了在场全体班主任的热烈掌声。他提出，作为班主任，不但要教育学生，还要找到让学生坦然接受教育的途径，前者是责任，后者是艺术，班主任要善于将教育责任转化为教育艺术，才能在教育中找到自己的职业幸福感。

一天的时间在郑老师的精彩报告中，不知不觉就过去了，郑老师用精彩的教育故事、扎实的教育理论、睿智的教育智慧，启迪着我不断地思考，和自己平日的工作经历、工作感悟相互印证，不知不觉中在笔记本上记下了一页又一页，有一些平常自己模模糊糊想到的，经过郑老师的点播，觉得豁然开朗，有一些自己平时也在做的事情，经过郑老师的提炼和指导，想法变得更加坚定。期待明天更加精彩的报告。

青岛二中分校宋雪莲老师：外面大雨倾盆，室内热情似火，全国中小学班级管理创新与班主任工作艺术高级研修班正在热烈地进行。在培训中，自己深受启发，班主任工作不仅仅是教育学生，而且要找到学生愿意接受的途径，前者是责任，后者是艺术，的确作为班主任我们一直认为自己是特别负责、愿意付出的，而却较少思考如何让我们的教育使学生愿意接受，我们常常困惑：我为了你好，为什么你不领情呢？教育是双主体的，只有学生乐于参与的教育才是好的教育，所以注重班主任工作的艺术化是我们需要研究的方向。

另外专家老师讲到教育的"道法术"也给了我很大启示，让我对教育有了深入理解。道是指教育要遵循教育规律，是从宏观角度上讲，例如人人渴望别人的欣赏；法是指教育要讲究规则，是从中观角度上讲，比如表扬的原则：及时、具体、恰当、当众等；术指教育中的具体方法；所以我们在教育原则上要学会欣赏学生，激发他们的潜能，在教育过程中要有具体原则、规则，并采用具体有效的教育方法，这样的教育才是一个符合教育规律的系统化教育。

班主任工作是一个不断探索、永无止境的工作，而班主任自己也要经历一个不断修炼，不断成长的过程，我希望在成长中自己一直能不忘初心，心怀梦想不断前行！

崂山一中吉爱中老师：郑重老师的报告——《中小学班主任的专业素养》给我们展示了小学初中和高中三位优秀班主任的好想法好做法。

他告诉我们，班主任工作，更多的是脑力劳动。要做好班主任，必须苦干、实干加巧干。告诉学生干什么，更要引导和告诉学生怎么干。班风的起点可以是标语或口号，班风的重点是内化为素质，落点则是外化为行动。郑教授指出，课堂是信息传递、情感交流、智慧生成的地方。优秀班主任必须教好自己的课，带好一个班。我们必须认识到，影响孩子成长的四大因素是先天遗传、后天环境、教育训练和个人努力。

班主任要善于发现学生的闪光点，用富有智慧的言行帮助学生增强自信进而自强。教应为学服务，教师应引导和促进学生的学。一个人的成长状态，不在于别人怎么要求你，而在于自己怎么要求自己。班主任对自己的要求，应高于学生对自己的要求,这样学生就会"仰视"你。郑教授指出班主任的专业素养有五点:爱学生并会爱学生,负责任并会负责任,能沟通并会沟通,能设计并善于设计,能研究并善于研究。班主任要学会用大爱去做小事,要做好达成被爱、引导施爱、启发自爱和反思偏爱四个方面工作。班主任的成长规律是遇到需要解决的问题,形成解决问题的方案,经历解决问题的过程,体验解决问题的感悟。

好的教育要努力做到"有味无痕"。好的班主任要会讲故事,恰当地用好暗示、提示、明示、警示和惩戒,教育学生应合乎人性、体现人道、口下留德、手下留情。郑教授的报告将理论与故事有机结合,既深刻又生动,让我获益匪浅。一系列道理值得我今后继续认真品味、践行和反思。

崂山二中刘晓黎老师:培训中几位专家不约而同地提到班主任工作中"说话是门艺术"。俗话说,良言一句三冬暖,恶语伤人六月寒。班主任在与学生的沟通中,如果掌握良好的访谈和沟通技巧会成为处理问题的润滑剂,达到事倍功半的效果。比如当一个学生出现违纪行为时,我们会不由自主地问:"这件事哪错了?"学生一般会给自己找各种理由辩解;而当我们把话改成:"这件事哪对了?"收到的效果往往出乎我们的意料。由此可见不同的说话之道,效果大相径庭。

总结班主任的几点说话之道如下:首先,班主任要多倾听,倾听中去发现问题所在,引导学生自己找到解决问题的方法。其次,伤害学生的话不能说,班主任要尊重学生的人格,才能获得学生对班主任的尊重。再次,没有调查清楚的事,谨慎地说。最后,对情绪激动的学生,开导为主。

青岛一中尚妮娜老师:炎炎夏日,我们一行八人来到了凉爽的哈尔滨参加了全国中小学班级管理创新与班主任艺术高级研修班和全国中小学课堂管理与教学方式变革研讨会,聆听了五位专家的精彩讲座,其中李晓凡校长的讲座给我留下了深刻的印象,醍醐灌顶,受益匪浅。

"仙人掌的花儿和刺儿"说的是仙人掌有扎人的刺儿还有漂亮的花儿,你要关注的是花儿还是刺儿呢?谈到对学生教育也就是赏识与批评的艺术。

李校长引用了无数的教育案例向我们展示了：批评学生之前有四方面要注意：①不要当众批评学生；②批评不一定用语言，有时候一个眼神、一个微笑、一句幽默、一个动作更好用，例如：有节奏地敲打黑板，回头微笑地扫视教室等等；③批评学生要在充分尊重学生的基础上进行；④不要发动"群众"批评学生，要放大学生的优点，缺点要合并同类项，对学生的批评要用中性的语言，千万不能用尖刻的语言。李校长提到批评别人是需要境界的，那就是一定要换位思考，也就是这件事情如果发生在我身上，我听到什么话会容易接受？李老师说，对待学生应该理性宽容。何为理性宽容？即赏识有度、批评有法。赏识有度就是学生身上的优点连学生自己都不知道，被老师挖掘出来了；所谓批评有法，也是批评的最高境界，老师对学生的批评应该让学生接受，如果学生不接受，那么这批评也就失败了。

作为教师，我们面对的工作对象是孩子，是每天都在成长变化的孩子，是一群个性独特的孩子。人无完人，更何况十几岁的孩子呢？当孩子犯了错误，我们的第一反应应该是如何帮助孩子改正错误，完善自我，而不是生气发火。以赏识的眼光看待学生，从赏识的角度出发去批评学生，让学生乐于接受，让作为教师的我们也更加轻松，何乐而不为呢？赏识与批评，确实是一门艺术。

崂山二中韩江红老师：到达哈尔滨的时间正是夜幕时分，顿时想起了多年前的广播剧——《夜幕下的哈尔滨》，感觉好亲切。

第二天郑重老师的报告让我对班主任工作有了更多、更新的认识。作为班主任每个人都希望学生认可自己，仰望自己，但是只是一味地付出、严厉是不够的，要想让学生尊重你、佩服你，最重要的就是班主任们自己对自己的要求要高于学生对自己的要求，也就是我们常说的"打铁必须自身硬"。

教育并不是很多人所误解的只有学校教育。教育只有形成合力才能达到最佳效果。我认为作为班主任，与学生家长之间也要时时渗透教育。大多数家长经常说的话就是"孩子大了也不能多管，我们就依靠学校依靠老师了"。这实际上是一种不负责任的表现。父母作为孩子的启蒙老师也是孩子一生的老师，父母的教育，家庭的教育应该是最关键的。所以在班主任工作中多与家长沟通，让家长了解孩子，多观察孩子，多与孩子交流，也是班主任工作的很重要的一部分。要让家长明白，好的家庭教育一定是言传身教，也就是家长对孩子要求做到的事情必须是孩子能力能达到的，同时家长也必须能以身作则。

"忽如一夜喜雨来，缘由名师洒甘露。"授课老师生动精彩的教育案例，高屋建瓴的教育理论，幽默睿智的教育智慧为我们打开了一扇窗，开启了一扇门。时间虽短，但收获满满，工作室的老师们结合自身的教学实践以及工作感悟，对所学理论又进行了咀嚼反刍，为以后的教学提供了路径参考，点亮了心中的教育明灯，照亮了我们的教育之路。

因为用心，所以精彩

胶南一中　高玉刚

根据安排，2017年3月4—5日我跟程波老师赴威海参加了为期2天的"名师之路——全国中小学班主任工作研讨会暨教书育人案例分享报告会"。此次会议由北京二十一世纪师培教育科技研究院主办，地点设在威海市城里中学。

因为学校领导在安排的时候，就定好今天要回来进行二次培训，所以我们两人战战兢兢，就害怕有所遗漏，我和程老师坐在最前排，听得特别用心，毫不夸张地说，我们是与会人员里听得最用心的。

两天一共听了4场报告，其中4号上午是来自重庆巴蜀小学的田冰冰老师做的题为《建设跨学科共育团队，形成全科育人合力》的报告，题目听起来好像理论性比较强，但田冰冰老师声情并茂，经典真实案例比较丰富，说话比较干脆利落，是我个人比较喜欢的风格，所以待会我重点谈一下田老师的报告。4号下午是青岛的郑立平老师做的报告，5号上午下午是魏书生老师的报告。

田冰冰，全国十佳小学班主任，《班主任之友》2011年第5期封面人物。田冰冰老师是小学教师，她的很多做法拿到我们普通高中来，确实缺乏可操作性，但她的班级管理的几个理念是值得我们探讨的。

一是抓两头，带中间→关注人人。"抓两头，带中间"可以说是咱们高中班主任共有的脾性。主要精力用于两头——学优生和学困生，班级中总有那么一大批学生，感觉他们都差不多，都言语不多，常常都很安静、自觉，要让我说点相同点，非常容易；但要找出他们各自不同的个性化特点，却太难了。他们是非常容易被忽视的群体。其实这是一种教育的不公平。

她举了一个例子，六一儿童节，按照惯例，活动时间有限，只有很少一部分学生能够参与节目演出，大部分人只能当看客！我们组织的活动究竟应该成为多数人还是少数人的节日庆祝？

一石激起千层浪，但最后还是达成共识，改为人人上台的分年级组庆祝活动。结束后，家长过来跟我说："田老师啊，节目质量并不重要，节目好坏也不重要，关键是我们家孩子能有机会和别人一起站上台。这对我来说，就是最大的满足了！"

我想到我们的家长会，这时无论旁人的孩子有多么优秀，家长的眼睛始终盯着自己的孩子。从这个意义而言，我们很多工作习惯性地把一些孩子放入教师关注的盲区的做法，恐怕是让部分家长满怀希望而来，失望而回了。

我们在高中教学中可以尝试在不同的维度进行"关注人人"的实践路径，给每个孩子平等的机会和舞台。

二是简单执行→特色经营，很多班主任停留在对班主任工作简单执行的层面，学校要我怎么做，我就怎么做。简单执行已然行不通了。创新型的班主任要争取做点不一样的事情，激发出新的活力。

三是单兵作战→全员共育，她所谓的的全员共育，相当于我们的全员育人导师制，不过她搞得更全面更彻底一些，有家长，有任课老师，有社会机构和兄弟学校的参与。

四是猴子搬苞谷→积极反思，只要用心观察，有心整理，积极反思，班内的小故事也可以成为教育部十大经典教育案例。

5号上午下午都是魏书生老师的报告，因为在我上初中的时候，他就来胶南做过一次报告，我是在广播上听的，印象当中妙语连珠。一直期望能见见这个男神，终于这次梦想成真。一见之后，长相气质不是李阳教父式，反而有点像宋小宝，有点小幽默，关注人生，关注生活细节，态度平易近人。讲座是聊天式的，让人觉得时间过得飞快，没有劳累，没有疲倦，整个过程似乎是一种休息，也是一种享受。

对于魏书生，大家比较熟悉，他的地位呢，现在普遍的说法是"北魏南李"，李就是李镇西老师。魏书生老师做的报告是关于如何调整自己的心态，如何做一个优秀的班主任，做一个优秀的老师，如何使自己生活得更轻松快乐。

魏老师先从人应该有一颗感恩、谦卑的心谈起，他认为凡是傲慢的，必是无知的。你们千万千万别听别人说魏老师有多优秀，魏老师是个什么，魏老师真的实实在在的就是苍茫宇宙中一颗很小的星星上表面上的一个极小极小的微生物。所以说人在大的方面应顺其自然，小的方面应发展自我。

高效率的班级管理，是魏书生教学成功的一个不容忽视的重要因素关于管理，魏书生说他一靠民主，二靠科学。的确，其实质是现代管理思想中的"人本""观念"和"法制""思想"。班级的事，事事有人做；班级的人，人人有事做；时时有事做，事事有时做。这是魏老师制定班规的原则。让学生管理好自己，班级就容易管理了。魏老师轻松地说，民主管理、科学管理是他的三头六臂。

魏老师还告诉我们，要善于发现每个人的优点长处，不管是老师还是学生，都应该守住自己的长处，让长处更长，优点更优。让学生从自己能做的、会做的开始，激发最原始的求知欲、学习欲，主动去学习，从学习中寻找快乐。只有学生都忙着自己去求知，学习才能更有效，老师也会更轻松。

魏老师要求自己做到"松、静、匀、乐"的时候，他同时兼任多个重要职位，承担多种重要责任的时候，他都坚持以平平常常的心态、高高兴兴的情绪，快节奏、高效率地做平平常常的事情，还坚持每天锻炼身体。如果任何时候都能保持这种心态，手上工作再多，学生存在的问题再多，那也是平常的事情，只要慢慢去解决，心情就会好很多，才能感受到幸福感。

魏老师说"学习、工作、尽责、助人"是享受。人生在世，要会享受生活，享受学习，享受工作，不能白来一遭。只有怀着感恩的心，用"享受"的心态适应社会环境，才能避免无谓的心态，有一颗快乐的心，才能不把眼前暂时的困难当回事。

最后，他谈到了担任盘锦市教育局局长13年的经历。1997年搞了一个计划22条，扎扎实实往深去做，只要魏书生不走，年年教育局工作计划都是二十二条：不搞运动，不掀高潮，不唱高调，不弄新花样，不喊新口号，不玩弄新概念。

最后，名师的班级管理总体来讲用两个字可以概括——用心，做个用心的班主任，做个用心的教师，因为用心，所以精彩。

我眼中的美国教育

青岛二中分校　宋雪莲

在你印象中美国教育是怎样的？是代表先进教育理念的？学生是轻松自由的？我今年有幸去实地参观了美国 10 余所公立学校，亲临美国课堂，切实感受美国教育，其实我们无须夸大美国教育，但也要发现美国教育中值得我们反思借鉴的地方。

一、善于提问是美国学生的习惯

在参观美国的这十几所学校中，我们听了大约 20 节课，其中感受最大的是美国学生的提问。每当老师讲完，就有学生不断地提问，老师需要不断地走到学生面前去解答，几乎每节课都会很自然地出现这种现象，学生好像总有问不完的问题。而反观我们国内教育，课堂上学生提问非常少，一节课学生能提出两三个问题就已经很多了，而美国课堂就十多个学生，几乎每个学生都会问，有的学生还多次提问。另外，在和美国 CREC ACADEMY OF SCIENCE AND INNOVATION（简称磁力学校）管理者交流时，发现美国学校会对"提问"做专门的培训，为刚进入学校的每个学生制定提问手卡，从提问用语，提问内容，提问效率等方面做详尽的说明，让每个学生养成有效提问的习惯。

我们不能只看到善于提问这一现象，我觉得我们更应该思考这一现象背后的东西。为什么美国学生善于提问？这提问背后反映出什么？我认为提问首先说明了学生对所学的知识感兴趣，有探究的欲望；其次反映出学生在学习过程中有自己的想法，有问题可问，而有自己的想法，能够发现问题恰恰是创新能力培养中非常重要的一环，所以这真的需要我们教育工作者去思考怎么能让学生对知识感兴趣，并能在学习中善于发现问题，还能提出自己的见解。

二、小组合作是美国课堂重要的模式

美国的课堂人数比较少，一般在 10 到 20 人之间，也有个别课堂人数比较多，将近 30 人，小组合作是他们最常采用的课堂模式，无论科学课，还是文学课，基本都是以小组形式展开，一般 3 到 4 个学生为一组。例如在一节英语大学先修课中，老师让小组同学针对各自的文章（上节课已经写过的）围绕老师给出的要点进行讨论，每组学生都非常热烈地争论着，老师不时地参与到不同小组中去，讨论非常热烈，但是声音并不大，热烈而不聒噪。在一节生物课上，学生是 3 人为一组，一个学生负责显微镜观测，一个学生负责连接到显微镜的笔记本电脑观测图像的捕获，另外一个学生在记录观测报告，分工明确，合作效率很高。

在小组合作中，我发现美国学生善于表达自己，针对讨论话题都能提出自己的见解，这也与美国教育中提出的"有些问题没有结论，有的只是思考与争论"的理念是一致的。另外，无论学生讨论得多么热烈，一旦老师讲话立即安静下来，根本不需要刻意维持纪律，我感觉这不仅仅是美国课堂的纪律，更多地我认为是一种礼节，当老师说话时要给予尊重。

三、室验是美国课堂中必不可少的组成部分

美国教室比较独特，基本每个教室就是一个实验室，自带实验装备，上课的时候可以随时做实验。我们听过的物理、化学、生物、技术等课，基本都是结合实验进行的。他们认为很多知识是需要学生通过实验去验证、去分析得出来的。我们看过他们的生物课本，简直吓了一跳，整个课本比字典还要厚很多，书上涉及的知识基本都需要进行实验，所以从这看出美国强调实验是知识获取的重要途径。

后来我们也有幸参观了美国著名大学——麻省理工学院。作为全球排名第一的工科院校，它是非常强调实验能力的。学生在麻省理工上学比较辛苦，不仅仅是上课的辛苦，更多的时间都需要泡在实验室里去研究，而美国初级阶段对学生实验能力的培养为其大学阶段的学习研究提供了很大的帮助。这

也是麻省理工学院中中国学生比较少的原因,中国学生实验能力普遍比较弱,当然语言上的障碍(大量学术术语)也是导致中国留学生难以迈进这一学府的一个重要原因。

四、Stem 教育模式别具特色

在参观的 10 余所学校中,有更多 Stem 特色的学校,有的学校给我们留下深刻印象。比如 CREC ACADEMY OF SCIENCE AND INNOVATION 学校,就是一个做得非常有特色的学校,该学校针对 Stem 课程有专门的设计与规划,他们按照学生兴趣开设了三个项目方向的 Stem 课程,分别为生物工程项目、计算机与机器人科学项目、环境工程项目,这三个项目在不同年级实施,有明确的规划,分为选修和必修而且有明确的学分规定。课堂中他们注重与现实的结合,比如环境课上学生们研究的主题是全球变暖,生物课上则让学生从唾液中提取 DNA。

还有一所学校的 Stem 课程也非常有特色,他们的课程是几个自然科学学科的大融合,比如针对污水净化这一主题,有三节课都在讲述这一现象。在环境学科课上,学生们进行具体的净水实验;化学课上分析过滤原理以及杂质成分,并在另外一节课上专门用计算机辅助进行数据分析等。这种针对一个现象、很多学科结合的情况也是 Stem 学校别具一色的地方。

另外我们感受比较深的是多数 Stem 学校的课程模糊了学科的界限,听课中最大的感触是:"词不达意,似是而非。"比如化学课,但内容是从自然现象龙卷风入手,对比龙卷风对建筑的破坏和电风扇对纸张的吹动不同,用物理知识中的大气压、空气密度等解释,从而为化学知识服务;物理课却自始至终贯穿着地理现象、地理原理、地理景观的变化与折射、地球内部圈层与地震波、地壳物质循环及地形地貌成因与板块的运动方式、热运动、板块的密度等;生物课堂上进行的是水的主题,设计了六个课题,既包含水的物理性质、物理三态的变化,也有水遇到其他物质的溶解度、化学变化等知识。

五、创新是美国教育中永恒的追求

在美国教育中,创新是他们永远的追求。从翻转课堂到 Stem 教学模式,美国教育界总是走在探索实验的道路上，他们一直尝试能够挖掘人类潜能的模式。

在具体的教学中，美国课堂非常注重创新，他们课堂的主观作业比较多，经常会针对某个现象、围绕某一主题谈自己的想法，所以你会经常看到学生在电脑前填写大量的电子表格，而作业评价的标准是以你是否有自己独特的想法，是否具有创新性去评价。所以无论在教育方向还是具体实施方面，创新是美国教育的永恒追求。

六、教育上差异较大，课堂容量普遍较小

虽然美国一直强调教育公平，但是学校间的差异还是非常大的，无论在教学设施，还是课堂教学方面都有明显的差距。富人区学校的教学管理及教学质量明显要比其他地区的学校高很多。其次，我们普遍感觉美国不同课程的课堂容量也是有很大差距的，有些课堂容量非常大，而大多数课堂容量非常小，总感觉一节课没有多少具体内容。是不是更加注重探索的过程？还是和他们教师交流中谈到的摒弃功利，不追求速度而力求循环往复去点燃学生内心的火花的教育理念？

最近几年美国教育界认为中国基础教育做得比较好，也在借鉴中国教育的一些方法，比如考试制度，他们现在很多学校也引入一些考试制度。无论中国教育还是美国教育，都需要在相互交流中探讨教育之路，相互借鉴融合去提高各国的教育水平，这是每个教育工作者的职责！

《优秀班主任 99 个成功的教育细节》读后感

崂山一中 马千里

读书漂流活动中，我选中了《优秀班主任 99 个成功的教育细节》一书，抽空读下来，颇有收获。这本书收录了一线班主任的经典教育故事，书中对教育细节的真实叙述和内在因素的深刻挖掘，远比其他的理论性论述包含更多的真理。

虽然了解和学习了很多关于班级管理的理论，可是当我们面对真实的管理情境时，看似非常简单的问题，有时候处理起来却不是那么顺手。这不得不让我思考当教师究竟需要什么样的素质和要求。而《优秀班主任 99 个成功的教育细节》一书让我发现，作为教师，不仅要懂得教育管理的理论，更主要的是学会用什么方法实现这些理论的目标。如果头脑里有一批可以自如调动的管理小故事，对我们的日常教育工作肯定大有裨益。因为跟我们打交道的是一群孩子，孩子不喜欢理论说教，而喜欢教师用讲故事的方式来管理班级，因为这样的教师是具有相当强的亲和力的，可以最大限度地调动学生的积极性。

这本书中的所有故事强调的都是"细节"二字，让人会不由自主地思考细节的重要，且不说细节在个人素质、团队协作、公共管理等各方面体现出的巨大价值。单说它在教育中的作用，如果得到重视，往往会起到事半功倍的效果。《叫出每一个》让我们快速拉近与陌生孩子的距离；《退一步，海阔天空》指导我们通过换位思考去理解、宽容孩子的行为；《你是我的镜子》让我们学会冷静下来挖掘特殊孩子的闪光点……诸如这些，都在提醒着我们要在自己的工作岗位上每时每刻、每一件事，关注到细节。无论你从事管理还是一线教师，都需要注重细节。

　　这些班主任成功的教育细节给我颇多启示。我想，作为一名教师，首先要严格要求自己，把教育教学过程中的一切细节问题当作一件大事来做，花大力气做，把小事做细、做全面，真正做到细致严谨。其次，要注重自身修养的提高，因为教师在学生心目中的特殊地位，教师的言行举止有着举足轻重的地位。所以应时刻注意自己的一言一行，向学生展现自己高尚优雅的风度和修养，对学生施以正面影响。最后，教师还应本着"以人为本"的原则来教育管理学生。只有了解自己教育的对象，才能对其进行正确有效的教育和引导。这就要在平时的课堂上，课间中细心观察学生的言行等细节上的表现，了解他们各自的心理特点，因材施教。只有注重了这些细节，无论是对教师，还是对学生，才会得到真实的、均衡的发展。

　　因而，在读完这本书后，我进一步坚信：注重细节是发展的必由之路。脚踏实地把自己所负责的那部分工作做实做好，既是工作岗位的客观要求，也是个人专业发展、学生发展的基石。

生命因错误而美丽

——读《教育文摘》有感

胶南一中　高玉刚

　　寒假期间，偶尔拿起学校发的《教育文摘》，看到 2016 年第 12 期中一篇文章《铁匠请教孔子》，读后齿颊留芳。故事大意是：手艺精湛的铁匠手把手地教儿子打铁，在父子俩齐心合力下，打造出的每一件铁器都很精美，儿子成人后，铁匠让他独自开了一家铁匠铺，他相信儿子绝对有实力独立谋生，可是儿子的铁匠铺没多久就夭折了。铁匠不明原因，请教孔子。孔子告诉他，练好一门技术，需要经验，更需要错的教训。孔子的话让我联想起我的学车经历：教练第一次教我们半坡起步，我因为有事请假没去，第二次练的时候，教练和其他学员给我讲解得透彻而细致，我马上学会了，实践中我一次通过，当时我还沾沾自喜，自己水平不赖嘛。可是到正式考试的时候，上一名学员正好把车停在了一个陡坡上，我上车按操作要求发动汽车，车子却直往后溜，我拉起手刹，再发动车子，汽车还是往后溜，结果，考官给了我三次机会，我还是丈二和尚摸不着头脑，回来后，总结教训我才恍然大悟，因为训练时我太顺利，没遇到类似的问题，所以当问题出现时我只能干瞪眼。

　　联想到我们的教学工作，我不禁问自己，教学是什么？以前的我认为，教学就是毫无保留地把自己的知识传授给学生，用知识武装学生的头脑，让学生变得像老师一样博学。可是在实践中，我常常遇到这样的困惑：有的老师教学上并不怎么出力，备课不如我充分，课件不如我做的精美，作业批的比我少，课堂上讲的也不多，但是成绩却总是比我高。以前我把原因归结于自己能力低讲课不生动，现在我领悟到，效能不等于效率。俗语说，"巧娘不一定养个巧闺女"，当娘的太能干，事事做得周到，会让闺女失去锻炼的机会，失去错误的经验与错误的教训。老子告诉我们："授人以鱼不如授之以渔。"做老师的有时不妨笨一点、傻一点。老师什么都懂，学生就容易形成依赖，产生怠惰心理。有老师罩着他们，他们何必要去自讨苦吃？就如同温室里长大的花朵，经受不起风雨的洗礼。

课堂是什么？有人解读为"孩子出错的地方"；成长是什么？有人解读为"跌倒了爬起来"；智慧老师什么样？有人解读为"珍爱孩子的出错"。但在现实的课堂中，事实常常并非如此。有些老师眼里容不得沙子，学生回答问题错误，老师动辄训斥、挖苦，甚至惩罚。久而久之，学生就慢慢失去了质疑的兴趣，有问题不敢表现，有缺点不敢暴露，成了一个个听话的"乖乖男乖乖女"。生活中，不少家长与老师也习惯于把听话当成好孩子的标准。究其原因，我想，只因太像那位铁匠父亲，太爱孩子，习惯于手把手地教，不敢放手让孩子去摸爬滚打，不会让孩子在错误与失败中积累经验与教训。听话的结果就是抹杀了学生的主动性与创新能力，学生由主动学习变为被动接受。

所以，一个好的老师不仅是有责任心的老师，更应该是一个智慧的老师，一个能把课堂还给学生的老师，他不应该是一个表演者，而是一位高明的导演，他能引导学生发现问题、暴露错误，进而去改正错误，让学生在出错与纠错之中体味成长的快乐，品味生命的价值。

行动，就有收获

崂山一中 马千里

最近在混搭着同时读好几本书，有李校长推荐的朱永新老师的《新教育》，有成甲的《好好学习——个人知识管理精进指南》，还有凯利·麦格尼格尔的《自控力》，张玮的《历史的温度》算是饭后消遣。混着读书有一个好处，就是你不会纠结于非要从某种书中找到某个主旨，或解决某个具体的问题，你会把从书中获取的信息经过筛选，纳入自己近期的思考中，你可能不经意间就会在某本书中见到似曾相识的观点，有时候甚至会觉得眼前打开了一扇新的大门，自己很多懵懂的想法，原来聪明人早就在书中做了清晰的表述。

朱永新老师说，对于中国教育，缺少的不是批评家，不是理论家，而是真正的行动家，我深以为然，因为我曾经是一个成天批评却不付诸行动的人，我也因为行动起来而觉得世界换了一个样子。

成甲说，一篇文章，你不去阅读，它就是一些数据，当你阅读之后，它变成了信息，只有当它改变了你思考问题的方式或行动的时候，它才成为知识。我曾经像只松鼠一样搜集我能找到的各种电子书籍、视频、文档，精心地分类、加标签、建文件夹，储存起来，却再也不看。我曾经在有道云笔记、微信收藏中不停地保存各种打动我或觉得可能有用的文章，却从不遵照执行。

抱怨和批评不能改变现状，收藏和分享也不能提升自我。只有行动，才有改变的可能，只有改变自我，才有可能影响外界环境。

我从2012年8月27日开始有记录的跑步，因为我已经胖到每上一层楼都要停下来喘一会儿的程度。从跑一公里肺就要炸开，到第一次突破10公里，用时1小时4分钟。2013年6月底，我送走自己所带的第二届高三毕业生的时候，我以前所有的衣服都不能穿了，因为太宽大。我用10个月的时间，减掉了 15 公斤左右的体重，我从一个令人不忍直视的"胖子"，变成了励志偶像。跑步带给我最大的收获是，只要穿上跑鞋，走出家门，我就又一次战胜了自己。很多朋友都会记得，在长达两三年的时间里，我的朋友圈中，基本就是每天的跑步数据截图。现在，早起跑步成了生活的一部分，我不再依靠朋友圈的点赞获取额外的精神动力。

跑步除了让脂肪减少，也让我的脸皮变厚，意志力变强大。我从跑步中学会一种逼自己行动的方法，想做成什么事，提前广而告之，搞得大家都知道，事后汇报完成情况，我用这种方法做成了很多以前不敢想的事。逐渐地，工作中的事情，我主动预报，主动宣传，让自己没有退路，不管准备好了没有，只要有想法，先行动起来！我带着学生做班刊、做学习计划，都是一边做，一边宣传，在同事朋友或发自内心、或出于礼貌的赞扬声中，一路前行。

朱永新老师总结的"新教育十大行动"，有几件事让我深受鼓舞，因为我一直在做"营造书香教室，打造完美教室"的事情。每一届的班级教室，我都让它有一个图书角，我都让学生在这个角落里读、写、分享、交流，我都努力让它有温度、有故事、有文化。班主任，可能是天底下最小的主任，在你的教室中，你却能自由地实现你的想法。只要班主任行动起来、学生行动起来，教室就会变得干净、温暖、有记忆。每一个平凡日子，就会因此变得明亮。

朱老师提倡"师生共写随笔"，让我萌生了新想法，我马上就行动，把自己使用多年的"班级日志"改得更简单，让学生每天轮流写，记录自己的喜怒哀乐、学习、生活，我希望自己坚持写下去，学生坚持写下去，让平淡无奇、枯燥无味的高中生活，因为用心去体验和记录而变得有意义。我希望，带完一届学生，我们能共同完成一本书，争取让它出版。

美好的教育理论有很多，不能转化为行动的，都是空谈。行动起来，哪怕是做一件最简单的事，坚持下去，一定会有收获。

在看似平常的学习、工作、生活中，坚持做事、坚持做有意义的事，我的人生，就会变得不同。

众人"南辕"我"北辙"，必定花明又一村

胶南一中　高玉刚

拜读刘儒德教授的《教育中的心理效应》一书，收益颇多。仅翻开"代序"，就触动很大。

《鱼就是鱼》的童话中，热爱陆上人和事的鱼，根据好朋友青蛙的描述，头脑中形成了鸟、奶牛和人的图画：人被想象成了用尾巴走路的鱼，奶牛是长着乳房的鱼，鸟是长着翅膀的鱼。读至此，我不禁哑然失笑：多么浅陋无知的鱼啊！但再往下，读到刘教授的解读运用，我不禁肃然起敬："心理学的规律、效应和法则是科学的、严肃的，但是如果我们能够用浅白的语言、生动的故事、有趣的实验以及鲜活的案例来介绍、演绎它们，那么教师们就能充分激活自己熟悉的先前的知识经验，去解释、建构它们，生成自己的理解，从而受到智慧的启迪、心灵的震撼。"

我只是顺势想到鱼的浅陋无知，而刘教授却抛开可笑，严肃地读出童话里寓含的建构主义。

我，正对应了刘教授在《教育中的心理效应》的第一辑中讲的"思维定式"。

所谓思维定式，是由先前的活动而造成的一种对活动的特殊的心理准备状态。典型的例子就是做测试题，"一辆火车进站，原先车上有 85 人，下车 18 人上车 15 人；到下一站，下车 9 人上车 12 人；到下一站，下车 21 人上车 7 人……"我们都是小学时做数学加减法长大的，思维定式的人就会想最后肯定是问"火车上还剩多少人"，但实际问题问的是"火车一共经过了多少站？"

思维定式的现象十分普遍。尤其在学习过程中，擅长做题、反复做题的

学生由于受先前做题的影响，往往会套用以前的方法，沿用以前的思维模式，得出错误或没有新意的结果。

经过反思，我觉得在教学中，必须改变，尤其在特别需要立意新颖、分数比重很大的作文教学上。

作文阅卷，其实是一个比较的过程。如果大多数同学的立意类似，就会通过比较凸显出立意有个性的少数作文的优秀。所以，作文，就是要让"木秀于林、行高于人"，才能让写作者打败与之同挤独木桥的千军万马。所以，作文教学，应努力打破学生审题立意的思维定式，可以培养他们的逆向思维。

比如，我让学生写"三十六计，走为上"的话题作文。大多数同学都遵循着"识时务者为俊杰""留得青山在，不怕没柴烧"的"正理"写。但我也引导着学生逆向思考"三十六计，走为下"。于是，学生马上想到"遇到困难不应逃避"的立意，真正的强者和英雄，需要有背水一战的胆量和破釜沉舟的气魄。

还有一次，讲到成语"班门弄斧"。众人皆知其在行家面前卖弄本领、不自量力的寓意。但我们也应突破思维定式看到这样的人生道理：一方面，弄斧者勇气可嘉，天长日久，他很可能以后成为这一行的新鲜血液和领军人物；另一方面，可使班门的行家有危机意识，促使高手更上一层楼。

由此可见，在作文教学中，引导学生打破思维定式，恰当运用逆向思维有如下优点：

（1）使学生的立意独辟蹊径，文章脱颖而出。

（2）丰富学生对问题思考的维度，全面思考问题。

（3）在全面的基础上，不断深化对事物的认识。

古诗中说："山重水复疑无路，柳暗花明又一村。"重复，无疑强化了思维，容易形成思维定式。而很多的时候，我们需要新颖，需要对事物的全面而深刻的认识。所以我说，众人南辕我北辙，必定花明又一村。

他山之石，可以攻玉

——读《好老师可以避免的 20 个课堂错误》有感

崂山一中　吉爱中

要想成为一名优秀的班主任，不可或缺的一项事情便是读书。文化塑造人生，优秀文化可以丰富人的精神世界，增强人的精神力量，促进人的全面发展。著名诗人、作家、翻译家、儿童文学家、社会活动家冰心说过："读书好，好读书，读好书。"这可谓是句至理名言。读一本好书，可以使人眼界开阔、心灵充实、茅塞顿开，使人明辨是非、释疑去惑，受益匪浅。

放假前，我从学校图书室中挑选了一本《好老师可以避免的 20 个课堂错误》。它是一本好书，深入浅出地把一个个生动的事例和精辟的理论展现在我们面前。作者伊丽沙白·布鲁瑞克斯是位美国资深教师，她曾和处在困境中的学生一起相处了 24 年，她坚信教师是这个世界上最富有挑战和回报的职业。她常说的一句话就是："只有深入孩子才能教育孩子。"她的教育思想和教育实践对我们每个老师、每位班主任都有着非常大的指导意义。

本书的前言部分介绍了布鲁瑞克斯对教学的一些认知，然后提出了许多值得我们深思的问题。布鲁瑞克斯提醒我们："在教育上千万别犯错，因为孩子会盯着我们的一举一动！他们很擅长发现我们的弱点并懂得如何'推我们一把'。课堂秩序的崩溃往往是因为我们所犯的某一个或众多我称之为常见的教学错误所引起的——而这些错误本可以被纠正，或是完全可以避免"。然而不幸的是，我们在课堂上有时会出错，由此引发了许多教师的困惑和不解，我们的课堂教学也因此面临着严峻的挑战。

伊丽沙白·布鲁瑞克斯告诫我们别让这些司空见惯的错误毁掉自己的课

堂，她在书中结合实例分析了如下 20 个错误：

错误 1：自以为学生早该知道

错误 2：试图控制一切

错误 3：陷入权力之争

错误 4：从个人角度看待学生的言行

错误 5：忽略课程与现实生活的联系

错误 6：无视学生的差别

错误 7：课堂上有太多的"自由时间"

错误 8：课堂杂乱无章

错误 9：表现得不够职业

错误 10：对学生期望太低

错误 11：对待学生不公平

错误 12：不知道轻重缓急

错误 13：不严格执行课堂规范

错误 14：课堂缺乏精心计划

错误 15：滥用行政权力

错误 16：反馈不及时

错误 17：不重视学生的参与

错误 18：缺乏跟学生家长的沟通合作

错误 19：轻信表面现象

错误 20：拒绝承认错误

　　书中提出的 20 个易犯的课堂错误事例既生动又简单，既精辟又易懂、既细腻又深刻、既实用又灵活、既真实又科学，它针对我们教师的困惑和不解，提出许多切实有效的解决办法，而它所提供的纠正、避免这些错误的方法和建议就是对我们最好的启迪，这些让我们懂得了如何去做一个更受学生欢迎的好老师。逐一细读各章节，就感觉自己就是在和一位大师对话，她娓娓道来，细腻、真实、科学而生动。

经典摘录：

"错误 1：自以为学生早该知道"

"如果没有老师的指导，不可能存在一个井然有序并且高效的课堂。"

我既是一名任课老师，又是一名班主任，就应认真而充分地把握学情，不能过高估计学生，不能想当然，尤其是面对崂山的学生。重要的事情必须多次强调，甚至采用不同的方式强调。

"错误 2：试图控制一切"

"通过控制自己的行为和反应来控制自我，树立起自我控制的一个榜样。要承认自己会犯错的事实，而且要心甘情愿的为自己的错误承担相应的责任，同时也要允许别人要求你对自己的错误负责。

要记住，你永远都不可能控制一切。你只有通过控制自我才能对他人产生相应的影响。"

班主任要相信学生，适当放权给学生，特别是学生干部，做好教育指导，坚持权责统一，促进和引导学生自我管理、自我教育、自我服务、自我监督，发挥学生的主体作用。

"错误 3：陷入权力之争"

★别让学生逾越界限

问：学生怎么才能知道某件事情不存在商量的余地呢？

答：当老师严正拒绝时。

班主任必须明确自己的职责，定位准确，与学生相处不可太过仁慈、随意，否则没有好结果。对待学生，该表扬时表扬，该批评时批评，该帮扶时帮扶，该拒绝时拒绝，该放权时放权。

"错误 4：从个人角度看待学生的言行"

★"讨厌"的代名词——"害怕"。

令布鲁克斯女士豁然开朗的一番话语，也让读者受益匪浅。"要时刻牢记，'讨厌'这个词通常是'害怕'的代名词。我们对于自己尚未做成功或是不精通的事物都会感到害怕。如果我们不擅长，我们就会产生'讨厌'

的心理。你可能不喜欢做自己不擅长的事情，它们让你感觉不太舒服。"

"要帮助他们取得成功！只有这样才能激起他们的兴趣。让他们先稍微体会一些成功的感觉，他们就会想要取得更好的成绩。但一定要帮助他们凭自己的努力来取得成功，不是靠你，也不是靠我，当然也不是靠班里的其他学生。但无论怎么样，都不要让他们取得了一点成绩后就止步不前。要不断地激励他们进步，要确保最初的成功能够让他们有动力和勇气取得越来越好的成绩，不管水平的高低，直到达到或至少是接近要求为止。这就是教学的真谛所在。"

"错误5：忽略课程与现实生活的联系"

★课堂一定要跟现实生活相结合。

班主任对学生的教育指导也不能脱离社会现实。班主任做工作，必须联系社会现实，争取学校、家长和社会层面的支持。工作方法也当与时俱进。比如，现在和家长联系，除了打电话、发短信、约谈家长、家访外，也可以建立QQ群、微信群，进行视频对话。

"错误6：无视学生的差别"

★一样的教室，不一样的学生

为了适应学生的差异性，我们必须进行差别教育，必须牢记学生有着不同的知识背景、兴趣、学习方式以及灵敏性。

马克思主义哲学中讲，矛盾具有特殊性。世上没有完全不同的两片树叶，也没有完全相同的两片树叶。学生之间，既有共性，也有个性。对学生进行教育，不能忽视学生的特殊性，"一刀切"的做法是不行的。

"错误10：对学生期望太低"

★你会夸奖学生吗

如果连学生自己都认为做不到，那肯定不可能取得成功。如果你作为老师也认为学生做不到，那就是在进一步巩固学生对自己的看法。于是，学生对自己的评价越来越低，离成功也就越来越远。没有积极的期望就没有目标可言，没有目标就不可能有努力的付出，而没有努力那就会退步，甚至消沉。

每个学生都有提升的空间，都有一定的潜力可挖。作为班主任，不能放弃学生。高二高三两年中，我班有一名外校学籍的男生小王，基础薄弱，学习习惯不佳，缺乏自信。我一直没有放弃他，经常性地结合我自身的经历、故事和哲理等，对他进行教育引导，促进其自信自强，拼搏进取。最终他高三下学期顺利通过单招，考上了自己心仪的学校。

"错误11：对待学生不公平"

★让学生坚信自己可以很优秀

在某些情况下，做到公平就是要求对所有事物都要一视同仁，要确保严格遵守相同的规章制度。

记住"公平"并不意味着"一视同仁"。

有时候，做到公平意味着要对学生区别对待。

除了特殊情况之外，一般来说之所以订立规定就是用来遵守的。

教师必须严格贯彻和执行各项规章制度。只要是规定，就应该认真遵守。

对于存在特殊情况的学生一定要及时调整规定来适应他们的需求。我们所犯的最大的错误之一就是认为所有的学生都一样。

"错误18：缺乏跟学生家长的沟通合作"

★家长是老师最好的同盟

如果我们老师只是等着孩子出现不好情况的时候才去联系家长的话，那我们和家长之间就不可能建立起协同合作的同盟关系。

★向家长敞开大门

我们不能逼迫家长积极参与进来，但我们可以经常向家长打开欢迎的大门，并且向他们发出邀请。

一个班级有四五十名学生，而班主任只有一名。家长们往往有不同的社会工作、人生阅历，往往各有所长。班主任应当懂得借力，班主任和家长是同盟关系，做好和家长的沟通工作，互通信息，相互支持，共同进步。比如，山东即将迎来新高考，我们就可以邀请部分家长来校讲讲自身从事的职业，有什么特点，如何做好，专业要求是什么，哪些大学开设了相关专业，等等。

作为任课教师和班主任，要正确地对待自己的错误。

不论是刚参加工作不久的年轻教师、年轻班主任，还是已经工作多年的老教师、老班主任，绝大多数都害怕在课堂上犯错误，在学生面前出丑。然而，人非圣贤，孰能无错？人无完人，一旦不慎犯了错误怎么办？是否认错误，还是勇敢地承认错误并寻求改正？"承认自己会犯错的事实，而且要心甘情愿地为自己的错误承担相应的责任，同时也要允许别人要求你对自己的错误负责。"任何人都会出现错误，不要惧怕错误，直面错误进而改正错误的时候，也是自己成熟和完善的时候。如果你不承认自己的错误，就不可能从错误中吸取教训。如果不能从错误中吸取教训，你就不可能成长。

如果学生发现了我们在课堂上犯的错误并告诉我们，我们应该向学生表示感谢。21 世纪国家倡导终身学习，我们要活到老，学到老。多读好书，以他人的成功或失败的经历经验为鉴，在不断地避免错误、发现错误、纠正错误的过程中快乐成长。

第五部分

教师职业幸福感的源泉

女教师的职业幸福感

崂山二中　刘晓黎

"教师是太阳底下最光辉的职业"，而现实中作为一位高中女教师，往往会产生一种职业倦怠感，无法找到属于这份神圣职业所带来的职业幸福感，恐怕很多是源自女性在社会上、家庭中所扮演的角色、肩负的责任。怎样避免倦怠感找寻幸福感呢？我想应该从以下几个方面入手。

一、调整好心态

有一句名言说"态度决定一切"，这句话听起来好像太绝对，但还是有一定的道理。拿我们的职业来说，很多教师存在心态上的不健康，凡事老感觉自己的付出与收获不成正比，老是抱怨这抱怨那，时间长了，看任何人都不顺眼，老感觉别人欠他的，长时间的郁郁寡欢甚至得上心理疾病。古人云"比上不足，比下有余"，当我们感到工资不如别人高时，就跟下岗的人比；当我们评不上职称时，就跟大学毕业找不着工作的人比；遥想当年我顺利就业时，我的很多同学还在为一份稳定的工作奔波着，到现在虽然他们当中有些人已经发展得很好，但也有些至今都在为明年该在哪上班而烦恼。可能有人要笑我不思进取、不自量力、自我满足，但我总觉得这种中国式的阿Q精神对我保持乐观的心态有重要的作用，至少我是快乐地过每一天。

当压力过大时，保持理智，淡化功利，学会超脱。当身心健康出现问题时，不要逃避，积极寻求专业帮助。当工作生活的环境的确给自己带来困扰，对自己的身心健康危害极大时，调换工作生活环境，也不失为一个明智之举。更新观念，不断学习，随时了解社会前沿的发展动态，拓宽视野，开阔自己的胸襟，从而客观认识和评价自己，合理要求自己，制定适合自己的奋斗目标，正确对待失败与挫折，尽可能阻断自我压力和焦虑的来源。

129

二、学会享受

首先，学会享受工作，作为高中教师，我们每天离不开的就是我们的学生、同事和课堂。

要学会享受学生。学生是教师工作的直接对象，也是教师职业幸福感的重要源泉，教师的幸福感大多建立在学生的进步与真情回报上。要让学生真诚地感恩，教师必须先要感恩学生，关爱学生，呵护学生，尊重学生，真正做到这一点并不容易，需要我们的爱心、耐心、责任心以及持到底的恒心，把每一个学生在心中当鲜花一样培育。当鲜花烂漫时，就是我们幸福的时刻。平日里学生的一句问候，教师节学生一个小小的礼物，生病时学生的一个慰问电话，特别是毕业的学生回校的探望使我们感觉暖暖的、很贴心。这就是一种享受。

要学会享受我们同事之间这种相对单纯的合作关系。教师行业的特殊性决定了我们的教学工作团体合作的重要性，一个学科、一个班级、一个学校无论是哪个想要取得好成绩，都要讲究团队的合作，需要备课组之间、班级之间、级部之间团结协作才能取得好成绩，所以我们的同事关系一般都比较友好；再加上学校里的人际关系相对简单，这一切造就了教师们之间这种相比较社会上其他行业复杂的社会关系相对要简单和单纯的同事关系。例如我们女同事之间经常可以聊聊心事，说说学生；男同事可以经常一起喝个小酒；同事家的孩子可以互相照应，大的带小的，其乐融融；没有猜疑，没有利用，真心觉得像是一个大家庭。

要学会享受课堂。因为课堂是教师生命的重要舞台，一个懂得享受上课的人，其课堂也必然彰显着生命活力，与学生一起欢乐着、痛苦着，感受着自己精辟的讲解，回味着学生精彩的阐述，也就少了些上课的焦虑与烦恼。有几种职业可以使你像将军一样指挥着千军万马那么威风，有几种职业年复一年只面对着一批又一批朝气蓬勃的少年让我们永远保持年轻的心态，有几种职业每天课堂上面对着一双双渴望知识的眼睛。如果你也有同感，那享受你的课堂吧。

其次，作为一名女性也要学会享受生活。生活赋予了我们女教师很多的角色，为人师、为人女、为人妻、为人母。这么多的角色不应该是对立的，一个真正出色的女人应该是从容行走在事业与家庭之间，同时也学会享受生活的人。幸福不仅在工作中，生活中的幸福也是必不可少的。家人朋友，闲情雅趣是不可或缺的元素。不要把自己定格在学校与家这两点一线上，让自己的视野变得越来越窄，开朗、豁达的生活态度会让你感受到更多的幸福。要学会"偷行浮生半日闲"，有句话是这样说的："忙"是为了更好的"闲"，那我们也得学会适时的"闲"。休闲活动可以使我们轻松、满足、愉快，可以调节情感，促进身心健康，丰富生活经验，而不去计较任何利害得失。因此，它是人生的润滑剂，足以滋润人生、平衡身心、创造新契机，休闲活动可以因人而异，例如：读一本自己喜欢的书，和同事一起锻炼锻炼身体、逛逛街，假日里领着孩子旅游等等。

三、学会发现幸福、寻找幸福

生活中处处有美，只是缺少发现美的眼睛。同样我们的生活中到处充满幸福，就看你有没有去发现。乐于去寻找幸福，感受幸福，才能有幸福的人生，成为一个幸福的女人。作为一名从事了多年高中教学的女教师，我感觉我的周围充满了爱充满了幸福，就看你去寻找了没有。

当一名教师，受到的社会尊重多，我觉得是幸福的。

当一名教师有别的行业都眼馋的暑假和寒假，这是一种幸福。

当一名教师我们的发展前途也一片光明。随着国家越来越重视教育，教师的福利和待遇也在不断地提高，这就是幸福。

当一名教师尤其是作为一名女教师，对我们的孩子有很多好处。尤其是在孩子小的时候，他会觉得妈妈当老师很了不起；等孩子长大上了学，更有很多的好处，有学业上的任何问题，随时问问妈妈或是妈妈的同事们，问题就迎刃而解。这也是为什么女教师在相亲市场上受欢迎的原因。我觉得这也是一种幸福。

总之，一个工作出色的人，同样能经营一个高质量的和谐家庭。所以，一个智慧型的为师者，应是事业家庭兼顾，内外兼修，而不是顾此失彼。让我们新时期的高中女教师行动起来，自由行走在事业和家庭之间，咀嚼着属于自己的幸福！

寻找教育的幸福

崂山一中　吉爱中

美国亚伯拉罕·哈罗德·马斯洛在《动机与人格》这本书中说："假如一个人在生活中一无所求，假如他没有任何期望或努力，假如在某种意义上没有未来，那么，他就没有惊喜，没有失望。"这句话启发我思考："人，应该以一种什么样的状态生活？"

当我第一次遇到教育困惑，茫然中我思考"教育的幸福在哪里？"教师是兼有多种角色的教育者，有时像父亲，有时像朋友，有时像主持人，有时像演讲家……面对教学中诸多琐碎的事情，我不禁又问自己："教育的幸福在哪里？"

教师这种职业必定有它的幸福所在，否则，也不至于有几千年的历史传承。古人云："书中自有黄金屋，书中自有颜如玉。"从读书中寻求智慧和幸福，丰富自己的精神世界。读书时有一个句子特别醒目，无意间拓宽了我的思维："一个人能从思考中认识自我，从兴趣中攫取快乐，从追求中获得力量。"从中我找到了教育的幸福，我找到了幸福的方向。那就是：教师要有思考，有兴趣，有梦想。只是简简单单的几个字，要下决心并且付诸行动并不简单。我期待梦想成真，开始走上寻找教育幸福的实践之路。

（1）师者如父母，爱心和责任心是施教的基点，学生的快乐成长便是老师的幸福，交流与思考成为教师感受教育幸福的方式

有一年，我担任高一2班班主任，在忙碌的状态中，得到充实自我的机会，我充满期待。虽然学生入学基础级部最弱，学生体质年级最差，体弱学生多，但我不服输，我要努力改变，发挥好引领指导作用。教育，需要关怀，需要爱心和责任心。55名学生，个个与众不同，有的聪明，有的顽皮；有的坚毅，

有的体弱；有的自信满满，有的信心不足；有的让你欣喜，有的让你忧愁……

每一个人，都有他的历史，都有他的故事。比如，元斌，他是一个瘦瘦的高高的体育生。军训期间，表现颇为活跃，很阳光，大家推举他为体育班长，我也很认可。虽然入学成绩很差，在班级垫底，但他表现出的精神状态我很欣赏。开学第一个月住校，表现良好，后来却要求走读，我不希望孩子走读。我便找他详谈，也找体育老师了解情况，也给家长打电话。原来是他父母关系不好，闹离婚，他想努力调解，改善爸妈关系，真是一个好孩子啊。我给他谈了谈我的建议。

从走读时起，他的状态就一天天差了下去，我很担心。我便约他父母来校交流，了解情况，证实元斌所言不虚，他父母间的关系确实很差，处于离异的边缘。每一个孩子都渴望圆满的家庭，谁也不想父母离婚，我很理解和支持元斌的想法。关于他的学习、家庭、练田径还是篮球、同学相处、当兵等等问题和想法，我都和他进行交流探讨，我并不因为他成绩差而歧视他，也不因为他是借读生而漠视他，我认为他是个孝顺的孩子，人品不错，虽然思想认识上走入了误区。

冰冻三尺，非一日之寒。他的努力没有起效，他也一直走读，有时胃炎感冒生病请假，我也提醒他注意健康，谈谈养生。第二学期，家庭不睦，他仍在沉沦，在学习上放弃了自己，也常请病假。当时感觉自己的力量是如此的渺小，操心很多，然而收效不明显。离开家庭、离开社会的支持与配合，教育与感化功能便大打折扣。5月份，校长杯篮球赛，没有出乎我的意料，他参加了，期间他在比赛对抗中受伤，却依然顽强坚持，展现出了他的拼劲、他的集体荣誉感，我是既心疼又欣慰。最终，我们班力挫强队，勇夺冠军，他功不可没。若不是家庭原因，他或可成为不错的人才。如今不再教他课，我仍然牵挂着他的未来，真诚地希望他幸福。

班级里的学生，无论是在学习方面还是在生活饮食、作息、交友等方面，我都努力尽到自己的职责，促使他们感悟和思考，为其健康成长略尽绵薄之力。"师者，传道授业解惑也。"教师应该关爱每一个孩子内心深处，我希望看到孩子们的笑脸，希望通过自己的努力为他们的健康成长保驾护航，尽到为人师的责任。

"十年树木，百年树人。"看到一届届学生离开校园，心里不免失落。仅是偶尔想起，偶尔写写反思，一次次学习，一点点积累，我开始变得善于思考。因为思考，逐渐体会到真真切切的教育带来的幸福感。教育的幸福感在哪里——教育的幸福在于真正付出情感，真正陶醉于教育教学的兴趣和乐趣之中。立德树人，教育学生成人、成才，实乃大善。

（2）教师心中有梦，教育生活便日渐灵动。人，最宝贵的，不是简单地活着，而是拥有梦想。每次遇到困惑的时候，我都会有一分梦想。无论哪个班级，学生都会有浮躁的时候，比如"十一"之前，运动会之前……这是由于学生的年龄特点决定的，一番话不可能让一学期的课堂氛围和谐如一。上学期学校组织的篮球比赛，我们班的情况并不是特别好，估计最好成绩也就是第三名。我用梦想激励学生，激发学生的班级凝聚力，激发队员的拼劲。我亲自开车拉着学生代表去采购比赛所需物资，每次比赛我都和拉拉队员们一起为全体队员呐喊助威。每次比赛，我们班的啦啦队口号最响亮，声势全面压倒对手班级。当决赛历经数次反复最终获胜的那一瞬，全体学生和我都沸腾了。付出终有回报，思考创造奇迹，拼搏成就梦想。当然，教学的过程中，学生一定会有反复的过程，教师需要运用教育智慧，让教育生活充满爱。

如今，教育困惑仍然存在，教育的幸福却同在。毕竟，生活的意义并非逃避吃苦，而是在于学习怎样有益地吃苦，如何快乐地去品味幸福。

第六部分

反　思

坚持，是一种品格

——写给进入高中 43 天的孩子们

崂山一中　吴宏丽

转瞬间，从你们正式开始高中的学习到今天已经 43 天了，见证了你们从第一个周的悠闲自得到慢慢感受到学业的压力，到有的同学感到部分学科学得吃力，今天的你，老师希望也相信仍有足够的信心和毅力，一往无前地坚持下去！

9 天前的运动会开幕式，相信同学们依然历历在目，因为那是你们人生中极为精彩的一幕，也许，今生你都将难以忘怀。但铭刻在我脑海中的却是开幕式之前的那一周，同学们辛苦排练、努力拼搏的场景：走廊里、办公室里，更多的是夜晚教学楼下，同学们或舞蹈，或唱歌，或排练舞台剧，一遍遍地修改，一遍遍地排练，才有了台上不到 5 分钟的精彩展示。所以我想说，那份热情、那份执着、那份坚持就是你可以在学习上一往无前地坚持下去的最重要的、最首要的条件。

也许你会说你没有那么热爱学习！那么，就请你从此刻起，去热爱和学习有关的一切：你的老师、你的同学、你的宿舍、你的班级……不管是姜主任式的阳刚霸气，还是杜主任式的满腹经纶；不管是妩媚多姿的女人味十足，还是"河东狮吼式"的女汉子；总有那么几款是你喜欢的。老师们动用着他们的十八般武艺，让课堂多彩多姿，趣味十足；老师们舍小家顾班级这个大家，放弃陪伴自己孩子的机会来陪伴你们，为了什么？同学们，你们有什么理由不去亲近这样的老师，从而信其道呢？以他们为你们人生的良师益友，学做人，学知识，你将在崂山一中度过无悔的三年！

当然，仅仅有热爱是不够的，还需要有支撑你坚持前进的动力——那就是目标：长期目标——你三年的人生规划。你要上什么样的大学，学什么样的专业，这也是新高考给我们提出的要求。近期目标——例如期中考试，你计划考班级多少名，级部多少名，赶超对象是谁。仅有长期目标，你会感到比较遥远，有时会失去努力的方向；把长期目标分解成一个个近期可实现的目标，当每一个近期目标都实现了，你的长期目标也就会成为现实。

山田本一是日本著名的马拉松运动员，他曾在1984年和1987年的国际马拉松比赛中，两次夺得世界冠军。记者问他凭什么取得如此惊人的成绩，山田本一总是回答："凭智慧战胜对手！"

大家都知道，马拉松比赛主要是运动员体力和耐力的较量，爆发力、速度和技巧都还在其次。因此对山田本一的回答，许多人都觉得他是在故弄玄虚。

10年之后，这个谜底被揭开了。山田本一在自传中这样写道：每次比赛之前，我都要乘车把比赛的路线仔细地看一遍，并把沿途比较醒目的标志画下来：比如第一标志是银行，第二标志是一棵古怪的大树，第三标志是一座高楼……这样一直画到赛程的结束。比赛开始后，我就奋力地向第一个目标冲去，到达第一个目标后，我又奋力向第二个目标冲去。40多公里的赛程，被我分解成几个小目标，跑起来就轻松多了。开始我把我的目标定在终点线的旗帜上，结果当我跑到十几公里的时候就疲惫不堪了，因为我被前面那段遥远的路吓倒了。

所以，同学们制定目标的时候，要有长期目标，比如考上清华、北大；也要有近期的目标。长期目标是宏大的，引领方向的目标，而近期目标就是一个具体的，有明确衡量标准的目标。当目标被清晰地分解了，目标的激励作用就显现了，当我们实现了一个目标的时候，我们就及时地得到了一个正面激励，这对于培养我们挑战目标的信心的作用是非常巨大的！

刚才说到考清华北大，可能有的同学感觉遥不可及。同学们，有句话说得好，心有多大舞台就有多大；我想说，你的目标有多远大，你的个人平台就有多大！我儿子刚刚从英国留学回来，在一家叫 JLL 的美国公司工作，这家公司是世界知名的五大咨询机构之一。我的想法是想让他继续读博的，而他却想工作一段时间，看看工作中需要什么，然后确定自己进一步学习的方向！有一天他和我说了一句话："我们公司大家的学历确实挺高的，前台的小姑娘都是石油大学毕业的！"当然，高中三年，你的长期目标可能会改变。咱们军训的时候，有的同学可能还会记得，有两个刚毕业的大哥哥（A /B）和我一起在餐厅吃饭！我是高二时开始接的他们班，当时两个孩子定的目标都是吉林大学，一个学车辆工程，一个是化学材料。但说实话，这两个孩子学习成都很不理想，智商和情商都很高，但小 A 是个坐不住的人，B 则是想学，但就是有些学科一听课就打盹，所以他们能出教室逛逛的最名正言顺的理由就是倒垃圾，一天倒至少两次。就在这不断的跌跌撞撞的两年中，A 选择了学习音乐，目标也改成了天津音乐学院；B 则去了高新区，学了自己喜欢的汽车维修专业。今年高考，A 去了心仪的天津音乐学院，学架子鼓；B 因为在咱们这里的文化课底子好，高分去了山东理工大学，学了自己最喜欢的车辆工程，两个孩子来看我，都很高兴！从他们的身上，我越发体会到，人必须有自己的目标，不管你学音乐还是美术，不管你学体育还是仅仅走文化课，目标是必须要有的！它会支撑你坚定不移地走下去。

同学们，还有一个你不得不坚持的理由，那就是"别人家的孩子"在拼命地学。我侄女在老家 XX 实验高中上学，和你们同样读高一，级部有 36 个班，每班 56 人左右。她们的作息时间是这样的：早上 5:40 上早读；6:30 吃早饭；7 点上第二个早读；11:35 午饭；12:05—12：30 午清；午睡到下午 1:30，但要求下午 1:35 到教室；晚上 9:45 下课；晚上 10:05—10:30 晚清。三年下来，大家可以计算一下，我们的在校学习时间比他们少多少。

同学们，坚持是一种精神，是一种积极的人生态度，无论最后成败与否，至少可以证明你不是怯懦的。坚持会让你拥有一种积极的心态，坚持会让你学会走好人生之路，坚持会让你拥有完美的人生。

快乐育人，快乐高考

青岛一中 尚妮娜

"班主任一定要做一个快乐的人。"这是一位全国优秀教师说的，我很喜欢这句话，也一直在努力地去做到"快乐育人，快乐高考"，以下是我做班主任近十年来的一些感受和做法，与各位老师分享。

一、快乐育人，培养良好的班风

（一）做一个让学生敬畏的严师

我相信"严师出高徒"。做一个严师，可以保证你所有的措施得到有力的执行。应试教育是需要严格的，不知道大家有没有听说过这两个公式：智商不低的孩子＋强势的家长＝孩子成绩优秀，智商不低的孩子＋跋扈的母亲＝孩子成绩更优秀。还记得多年前我们上学的时候，爸妈会对老师说："老师，不听话你打就行！"这是多么朴实的育人道理。然而，现在想做一个严师，很不容易。中国孩子是世界上特有的"物种"：独生子女。普遍特征是心理脆弱，所以严师往往是不受欢迎的，弄不好家长找麻烦，学生走极端。另外，学校经常搞调查问卷，搞得很多老师不敢对学生严格。还有一方面，教育专家一直在说没有爱就没有教育，要学会赏识孩子……要平衡好这几点，我觉得先要找到这几个问题的答案：班主任工作服务重要还是管理重要？爱学生与讨好学生是一回事吗？太多的表扬和赏识会不会贬值？相信各位老师在教育教学中对这几个问题都有自己的感受和见解。当今形势下，我的感受是：严就是爱，是大爱。班主任对学生最大的负责任，就是把这个班管理好，让班里的每个孩子懂规矩，有归属感；班主任对学生最大的爱，就是把他送到好大学去！

我一直在追求的是：以理解信任为前提，做到严格的要求和真诚的爱相结合，严得有度，严的公平，严在细节，严在效率。

严得有度。对学生的严格就如同拧螺丝一样，要拧紧但又不能滑丝，要时时注意学生的感受和反应，避免把学生拧滑丝了，伤害了学生，也伤害了我们自己。

严得公平。也就是严的标准要统一，对事不对人。女生和男生，成绩好和坏，班级干部和普通学生，富裕和贫穷……标准都应该是一样的。

严在细节。严格体现在班级常规工作管理上。班里的常规管理我会按照时间和内容（卫生、纪律、学习）两条主线制度化，比如说：各科课代表布置作业必须在下午4:20上黑板，语数外理化五科按顺序写在左边黑板，生物政治历史地理四科作业写在右边黑板，第二天要交的括号内标明，住校生晚修结束时把所有要交的作业按我规定的顺序交到讲桌上，走读同学第二天早上7点前交所有作业，各科课代表早上7点收好作业做好统计，报名单给学习委员，同时把作业交到任课老师处，7:05分准时回班自习。学生在校的每段时间我都会有详细的严格的规定，保证班里常规工作自始至终有条不紊。

严在效率。我觉得老师做事情效率高是很大的优点。作业批改快，试卷评讲及时，学生会给你点赞。同样的，班主任在班级管理的工作落实上短、平、快，也会收到很好的效果。比如说我刚在班里宣布了一项新规定，我会在接下来的几天里盯住，及时、连续反馈孩子们的落实情况，直到孩子们完全接受新规定并初步养成习惯。

但我要说明的是，严不是对学生身体上的惩罚，不是对学生人格上的侮辱，更不是对学生语言上的刻薄，心灵上的伤害。严的是制度，是执行，是落实，是反馈，更是对学生行为细节敏感的把握。

（二）做一个为班级投入情感的班主任

教育教学不是单纯的师生间的智力活动，也是非智力因素的活动，科学素养是求真求实，人文素养是求善求美，二者结合才能让学生各方面有长足的发展。而作为班主任，很重要的就是要为这个班投入情感做思想工作，多用积极的正面的美好的愿景和学生交流，去点燃学生的激情，使他们心中充满正能量。有这样几句话和各位老师共勉：为痛苦的学生说句安慰话；为孤独的学生说句温暖话；为胆怯的学生说句壮胆话；为自卑的学生说句自信话；为迷茫的学生说句开导话；为沮丧的学生说句鼓励话；为偏激的学生说句冷静话；为懒惰的学生说声鞭策话……正因为我们对学生说了这么多话，学生才会把我们当成亲人，愿意听我们的。

（三）在集体中树立正确的舆论

正确的集体舆论，是一种潜在的教育力量和无形的精神力量，可以影响、制约、规范每一个学生。

1. 开展集体评论

我会引导学生对现实生活中的，特别是身边的一些现象和典型的事例进行评论，先入为主，让学生树立鲜明的是非观和荣辱观。（例如道德标准的讨论：柯震东事件……）

2. 多发调查表调查

作业完成情况调查表、周六周日学习情况调查表、自主学习时间安排规划调查表、寒暑假自主安排和反馈表、手机使用调查表……只有来自学生的第一手信息才有利于问题的解释和解决。

3. 旗帜鲜明的批评与表扬

班主任要细腻敏感，明察秋毫，要有透过现象看清本质的能力。我通常的做法是，在没有看清问题本质之前先保持沉默，不讲大话、套话增加学生的逆反；对学生的进步要敏感、要夸张、要及时反馈，对影响极坏的错误要旗帜鲜明地批评（但尽量先私底下找犯错学生交流好）。

（四）坚持开展丰富多彩的活动

感谢青岛一中丰富多彩的活动（军训、读书节、运动会……）可以让班主任展示出人性化的一面，又可以增强班级的凝聚力。

只有在课堂外，我才有机会和孩子们一起唱小苹果，才有机会和孩子们谈论他们感兴趣的话题，"小伙伴们都惊呆了""整个人都不好了""感觉自己萌萌哒"，孩子们立即会觉得老师和他们很近，很贴心。

另外，集体活动极大地增强了班级的凝聚力，让孩子们找到高中生活的快乐。比如说军训，全班同学去做同一个动作，迈一样的腿，摆一样的手，喊一样的口号，看起来很枯燥，但是请相信，广场舞大妈都能找到的快乐，我们的孩子一定能找到。

二、快乐高考，培养良好的学风

直接体现学风的是学生考试的能力和分数，提到应试这个字眼，好像大家都会很反感，而我现在却喜欢引导我的学生用积极的态度去面对它，要相信：应试一定有科学的方法。

（一）学习目的高端大气上档次

好成绩会得到老师的表扬、同学的羡慕、家长的奖励，这可能是有些孩子学习的动力。但这种动力很脆弱，很虚荣，很不堪一击。我经常和学生说："学习时不要想对手，不要想分数，唯一要想的就是我要弄明白这是怎么回事，我要超越的是我自己。"改变自己、超越自己才是高层次的快乐，每个孩子的学习目的都应该是：我今天要比昨天做得更好。

（二）要追求有效的学习

我们很难要求学生做到每一分钟都用来学习，但我们可以引导学生努力做到用好学习的每一分钟。我觉得老师应该有深厚的专业功底，但在教学上千万不要表现得太强势，要学会"示弱"，尽量把更多的时间给学生去感悟，去展示，去练习，去找问题，去解决问题，而不要让学生单纯依赖老师灌输给他。

（三）要相信足够的量变一定会引起质变

我们的学生尤其是高三的学生，自己内心其实是很着急的。这时候我们班主任一定不能急。要相信人是有差异的，要相信足够的量变一定会引起质变，只不过每个孩子质变的时间点不一样，有的一摸前就质变了，有的5月份才质变，有的就到6月7号那天才质变。我们要做的，就是在旁边守望，鼓励孩子们要一直坚持努力到高考最后一门结束。

（四）努力给学生出一些好主意

班主任对于学生的学习指导不能是泛泛而谈，比如"你得好好学……"一定要简单明了，要具体，要具有可操作性。当学生说记单词老是记不住时，你要给他讲讲生物钟、记忆曲线、记忆方法；当学生题做得很多但成绩不见提高时，你要给他讲讲精炼+改错题的好处；当学生低级错误多的时候，你要教他记牢靠、审清楚、算准确、写规范；当学生感觉什么都会但考试不拿分时，你要告诉他稳做会，求全对，慎做中档题，一分不浪费，步步去争取，舍弃全不会。我现在经常会有这样的感觉，自己不懂的太多了，太需要去了解很多专业或者非专业的知识了，也会时时督促自己读万卷书，因为只有这样，才能够在学生有困惑时提供最有效的帮助。

（五）引导学生把身体和心都静下来

如果一个学生不能静下心来专注学习，那对于任何一个学科都是致命的。想让学生静下心来，首先要让他的身体静下来。我们一直在要求的"进了教室必须保持安静"就是这个道理，我一直认为"心静"是备战高考最有效的方法。举个例子：我们可以算一算，一天下来有大大小小 9 个课间，学生是不是在这 9 个课间都需要出去上厕所、打水或者说笑打闹呢？其实 4～5 个课间就足够了。那些每个课间都要说笑打闹，号称休息的同学往往是内心极不平静，用表面的喧嚣来掩饰内心的焦虑的。看明白了这一点，班主任就应该明确地指导学生，课间应该如何安排才能保证自己的身静心静，才能更有利于自己的学习。事实证明，孩子能够静下心来去自己体会、感悟老师讲的原理和做题技巧并应用到自己做题中，收获是巨大的，这种效果是任何优秀教师或者家教的讲解所达不到的。如果我们的孩子能做到这一点，高考成功也就是顺便的事情了。

以上是我班主任工作的几点感受和做法。

有人说，人生有三大幸运：上学时遇到好老师，工作时遇到好师傅，成家时遇到好伴侣。我愿意付出我全部的努力，去成为孩子一生中的第一大幸运——做个好老师。

学而不思则罔 思而不学则殆

——小班化教学带给我的反思

青岛二中分校 宋雪莲

摘要：本文作者主要谈谈自己在开展小班化教学中的一些反思，希望通过反思，深入理解小班化教学的"内涵"，从而更好地促进自己的教学。作者主要从有效的小班化课堂不是"热闹"，而是要有一定的"深度"；有效的小班化课堂不是简单的分组，而是注重"深层"的关注；有效的小班化课堂不是简单的互动，而是从思维的碰撞和智慧的生成等几个方面进行反思的。作者认为，在小班化教学中，通过反思可以让自己不再迷茫，然后再以实际行动改进自己的教学，才能取得进步，不仅仅在小班化教学中如此，作为一个教师在工作中，时刻以此勉励自己，才会促进自我成长。

关键词：反思；思维启迪；深层关注；思维碰撞

在学校开展小班化教学活动中，我常常思考什么是真正意义上的小班化教学？小班化教学下我该如何去改进自己的教学？如何才能称之为有效的小班化课堂？在这一过程中，有过迷茫，也有过困惑。上学期我开设了一节校内小班化优质课，通过亲身经历体验及不断地回头审视，引发了自己很多的反思，我希望通过反思，能有一个更深层次的理解，并以此促进自己的教学。

反思一：有效的小班化课堂不是"热闹"，而是要有一定的"深度"。

小班化教学开展初期，我感受较多的是"热闹"，形式的多样，课堂的活跃，学生的热烈，老师的风趣……一切看上去都很完美，但是静下心去细细琢磨，却也发现一些问题，有些交流仅仅停在较浅层面的"说话"，有些

"形式"仅仅为"形式"而"形式",没有注重对学生思维的启迪和学生思维深度地发掘,虽然气氛上"热闹"但实质效果不佳。

在原来的教学中,我常常过于追求这种肤浅的"热闹",随着学校小班化活动的不断深入和自己的反思,我决定改进自己的教学。

我认为一节好课不仅仅让学生会做,而且能够理解为什么要这样做,自己是如何考虑的,又是怎么做的。这个思维过程是一个非常重要的环节。在上《影视信息的加工》这节课时,我没有单纯地按照教材只讲授视频信息的剪辑合成技能,而是先探究剪辑合成的深层含义,即为什么要做,从而引领学生理解"1+1>2"的内涵,让学生知道视频的剪辑合成其实有着丰富内涵,为今后加工出高水平的视频奠定基础。

在学生学习的过程中,我们要注意学生思维的启迪。我们常说"不愤不启,不悱不发",就是说教师要在学生思而未得感到愤懑时去启发他;要在学生思而有所得,但却不能准确表达时予以疏导,这就是所谓启迪的时机。在《影视信息的加工》这节课上,对于常规的剪刀剪辑视频,我没有去过多讲解,因为考虑学生思而能得,而对于学生掌握有点困难的其他几种剪辑方式做较细致的讲解。

另外在对学生思维启迪时要注意梯度,让学生从无知走向有知,从知之甚少走向知之甚多,不仅要有意识地设置思维障碍,使学生产生"山重水复疑无路"之感,而且要循循善诱,因势利导,从学生现有的知识水平和思维水平出发,为学生进行思考铺路搭桥,使学生的思考茅塞顿开、活跃起来,从而达到"柳暗花明又一村"的境界。如:当时对视频片段的合成进行讲解时,我先设置障碍,例如,如何让两个片段自然融合?然后引导学生思考,自然融合是什么含义?需要设置什么效果?这些效果从哪里寻找等,在学生探究解决后,继续设置障碍:如何实现片段间融合的某些特效?通过这样的过程,让学生逐渐从"山重水复疑无路"走到"柳暗花明又一村"。

反思二:有效的小班化课堂不是简单的分组,而是注重"深层"的关注。

小班化教学活动开展以来,基本所有教师都采用了分组形式。运用这种形式开展小班化教学的效果还是不错的，但是我也发现了一些问题，我常问自己："这部分内容是不是一定要分组？""这种分组是不是让每个学生得到最大关注和发展？"等等，随着思考，我认为分组是一种形式，我们不能单纯为形式而形式，小班化的核心是让每个学生得到关注，发掘每个学生的最大潜能，让每个学生得到最好的发展。

我们在授课时，要考虑哪些任务或环节需要分组，如何分组，活动中小组每个成员是否积极参与并能得到发展，例如：在《视频信息加工》的这节课中，我曾在作品合成环节安排小组合作，最初设想，让小组每人分工合成这个作品，后来我考虑到，如果分工，很多学生没有亲自体验这一具体的制作过程，比如有的学生仅仅学会本节的脚本制作，对视频制作其他环节并没有亲历体验，所以很难掌握整个视频制作的过程；另外考虑如果仅仅合作制作一个作品，其结果常常变成某一个人的作品，很多成员都成为不积极参与的"混子"，这样就变成某个人得到学习和锻炼，不符合我们小班化教学的本意。所以，反思后我改进我的分组，要求小组内每个人都必须做，做的时候遇到问题可以通过小组讨论，做完后小组内去交流评价，尽量让每个学生都能亲历这个过程。

另外我认为根据内容和任务的不同，分组的形式要灵活，有时候需要异质分组，有时也可以采用同质分组，有时候任务小可以2～3个人一组，任务较大时可以5～6个人一组，尽量让每个学生都能和不同的学生建立联系，不仅扩大了交际面，也给那些平日不太积极的学生以机会，其结果往往是这些学生通过这些时机意想不到地活跃起来，从而使其潜能得到充分利用和发掘。

反思三：有效的小班化课堂不是简单的互动，而是思维的碰撞和智慧的生成。

在很多展示课或是公开课中，我们往往看到的，都是师生多么的"融洽"，过程是多么的"顺利"，学生们在教师的"引导"下总能"娓娓道来"，而这种"融洽"和"顺利"恰恰让我们感觉少了许多节外生枝的"真实"和"惊喜"。

我的求学过程中，印象最深的是高中的物理课堂，那时我们课堂总是处于"战火硝烟"中，多少次因为解题思路不同，我们慷慨激昂地对辩我们的物理老师；又有多少次因为我们的"好战"而让我们物理老师不得不"偃旗息鼓"，回去重新思考下次再战。就是因为这样的课堂，让我们特别热爱物理学习，也因为这样课堂，让我们班级的物理成绩格外的优异，也正是这样的课堂，让我们对我们物理老师格外尊敬。没有思维的碰撞怎么会闪出智慧的火花，所以我觉得作为教师要渴望听到不同的声音，要渴望自己的课堂多些"节外生枝"，更渴望抓住这些"节外生枝"促进学生思维的飞扬，智慧的生成。

　　古人云：学而不思则罔，思而不学则殆。在小班化教学活动中，我们要不断反思，并且能在反思后改进自己的教学，这样才能做到真正的"不罔、不怠"。学校推进的小班化教学活动只是我们教育改革中的一步，我们应该以此为契机，时刻勉励自己，完善自我促进和教育发展。

考试成绩出来后，怎么跟学生谈话？

崂山一中 马千里

国庆假期结束后，高中学校一般都进行了阶段性检测，一是为了让学生收收心，二是为了检验开学一个月的学习成果。

成绩出来之后，几家欢喜几家愁，班主任、任课老师和家长都面临着如何跟孩子谈话的问题。

谈什么，怎么谈，谈话能否达到预期的效果，都需要认真考虑。如果您有这方面的困惑，听听小马老师的意见吧。

一、阶段性检测的目的是什么

我之前写过制定学习计划的重要性，计划需要执行才能起作用，执行的效果如何，需要验收和反馈，考试是重要的验收反馈机制。

插句题外话，考试之所以成为人人讨厌的事情，是因为一次考试注定只有少数人能获得优异成绩，这个结果说明大多数人之前做得不够好，没有人愿意承认这样的结果；还有一个原因是很多考试不仅仅是验收机制，还被作为选拔机制，影响升学、入职，这时候人们往往更想追求好的考试结果，而忽略考试的验收和反馈功能。

学校的各种阶段性检测，其实回归了考试的本质，那就是验收和反馈，验收前一阶段的学习效果，为下一阶段的学习提供改进信息。

老师和家长必须首先明确考试的作用，才能把握谈话的目的和重点，找准谈话的方式。

二、老师和学生怎么谈

1. 谈话前的准备工作

每次考试结束，班主任和任课老师要及时地要求学生进行试卷改错，提出明确的改错要求，并对改错情况进行检查。

在试卷改错的基础上，要求学生进行失分原因分析，并自己提出下一阶段的解决措施。

在此基础上，班主任和任课老师可以进一步要求学生写单科或整体的考试总结，有了前两步的工作，学生总结的时候就会印象更深刻，对自己学习中存在的问题有更清晰和理性的认识，诊断的目的初步达到。这个总结应该更多的体现出自己学习过程中的收获和不足，偏重于方法论和下一阶段的行动指南，不要变成宣泄情绪、表决心、发表豪言壮志的东西，更不能是检讨书，这样做毫无意义。

2. 谈话要点

有了前面的准备工作，考后与学生谈话的功能主要有如下几点：

（1）调节情绪。表扬考得好的、进步大的，鼓励平时努力、成绩不理想的，安慰没考好的，帮助学生从沮丧、挫败中走出来。想方设法地表扬，让优秀者更昂扬，让进步者更积极，给受挫者回血、补充能量！

（2）指出不足。以学生自身的分析和总结为依据，可以让他带着自己的学习计划本、课堂笔记、改错本等学习资料，还可以结合"班级优化大师"中任课老师的日常点评，用事实和数据说话，指出学生具体的不足、行动上的不足，让他心悦诚服地认识到自己的问题，切记刺激、打击，不要使用激将法！学生的心理承受能力没有你想象的那么强大，学生对你的语言的重视程度远超你的想象。

（3）指明方向。情绪鼓舞了，不足也指出了，接下来就要给他希望，结合学生针对本次考试提出的解决措施，给予肯定和修正，要求他变成每天的具体行动，并定期监督和反馈，可以是自我监督，每天写在计划本上，也可以是小组同学的监督，也可以是老师定期的检查。

这个谈话可长可短，根据不同学生灵活调整，但最好覆盖全体，不要让学生产生老师厚此薄彼的感觉，可以是课间几分钟，可以是自习课，可以是学生问你问题的时候，可以是专门叫到办公室，可以单独进行，可以组团进行。

这样的谈话当然很辛苦，但会让您辛辛苦苦上课、出题、组织考试、阅卷、分析成绩的这些工作更有价值，如果不谈，可能前期的工作效果都要打折扣。与各位同行共勉。

三、家长和孩子怎么谈

1. 家长的心态

无论大考、小考，最关心成绩的是家长，甚至有些家长唯一关心的就是成绩。

孩子考好了，觉得理所应当，不表扬、不鼓励的有之；觉得一白遮百丑，有了好成绩就忘乎所以，不再关心孩子学习过程中存在的很多问题的有之；觉得还不满意，提出更高要求的更是普遍现象。

孩子考差了，训斥的有之，讽刺的有之，觉得天塌下来了的有之，有病乱投医的有之，像念咒一样整日唠叨却无法给孩子正确、有效建议的更是普遍现象。

因为家长的心态失衡、方法缺失，导致孩子厌学、心理压力大、害怕考试、考试作弊、出成绩后情绪崩溃的例子比比皆是，做班主任的心里都清楚，但不好意思跟家长说。我说这些不是批评家长，而是想帮帮你们，提供一些和孩子谈话的方法。

2. 谈话前的准备

家长是孩子最信任的人，家庭是孩子最依恋的精神港湾，家长都是抱着"一切为了孩子"的想法去关心、指导孩子，可你们知道有多少孩子每次到了周末放假，就心生矛盾吗？尤其是考完试拿到成绩的这个周末。

孩子在经历了一个周的高强度学习之后，迫切地想回家休息，可想起回家后父母的唠叨或殷勤，他们有时候害怕回家。他们渴望回家后少谈点学习，多聊聊生活中轻松愉快的事情，他们渴望父母倾听自己，他们渴望打打球、爬爬山、逛逛街，可他们又害怕你们失望的、愁容满面的脸，焦虑的语气、不切实际的愿望、毫无道理的反对和否定……

您最应该做好的准备，是换一副心情，换一种心态，准备好接纳那个带着难过、疲劳、兴奋或其他情绪的孩子回家，如果他愿意跟你说学校和学习的事，做个倾听者，如果他不愿意说，做个话题的引领者。

抱怨孩子不愿意跟您交谈的家长，请想一想在工作中，您是怎么对待难缠的客户的；酒桌上，您是怎么活跃现场氛围的；家庭中，您是怎么对待有脾气有性格的长辈的，难道孩子比他们更难打交道吗？再想一想，上一次孩子愿意跟您谈的时候，谈的是什么话题，您是怎么应对的？最后的结果是不欢而散还是相谈甚欢。如果能想通这两点，和孩子谈话其实挺容易的。

3. 谈话要点

提升自信，而不是给压力。家长一定要明白自己孩子的优点、弱点、学习基础，要合理地调整自己的期望值，从孩子的角度出发，想想他做得好的方面，给予表扬和鼓励，让他放松下来，让他愿意跟你谈。这需要您的耐心。

指出问题要心平气和，就事论事。先问问孩子怎么解决，如果他已经有好的解决方案，鼓励他行动起来，鼓励他定期向您汇报自己的落实情况，不妨跟班主任沟通一下，让老师帮你在学校观察和监督孩子在这个方面是否开始行动。下一周回家，记得问他，上周说的事效果如何，让他明白你在关心他的行动，如果好就继续鼓励，如果没行动也要继续鼓励，一直鼓励到他不好意思，这也需要你的耐心。

对于孩子喜爱又没有什么危害性的事情，不妨给他一些空间和机会，哪怕是到了高三，例如看小说、看电影、玩游戏，但需要明确规则，制定规则和执行规则非常考验您的智慧，也可以和孩子一起制定，一旦制定要严格执行。这样一定比无理由的禁止或无原则的纵容或说教无效后无奈的退缩要好得多！

谈话的几个误区：切忌在回家的车上就开始问学习，也别问"这周在学校过得怎么样"这样让孩子不知道该怎么回答的话，接上他，给他一个微笑，您不妨专心开车，让他玩会手机、听听歌，安静一会，他这一个周在学校里可能说了足够多的话，可能心情抑郁，可能想静一静。切忌在饭桌上谈论学习，即使孩子主动谈，您也多倾听，少插嘴。把谈话和闲聊分开，闲聊就轻松愉快点，别谈实质性的事，别谈容易让你或者孩子上火的事，谈话一定要先备课。目的是什么，想解决什么具体问题，谈话时间是多长，谈话过程中起了冲突怎么应对。

和中学生谈话是个技术活，专业的心理咨询师都不一定能搞定，您不要指望谈话能解决问题，您更应该寄希望于孩子信任你，孩子从你身上受到了积极的影响，孩子从家庭中感受到温暖和支持。专业的事情交给专业的人做，学习的事让老师操心，您应该操心的是比学习更重要的性格、情绪、安全感、良好的品格和生活习惯问题，这些都需要长期的言传身教。孩子是您的一面镜子，与各位家长共勉。

喜迎十九大，做好引路人

崂山一中 吉爱中

一、我国古今名家名校对教师和师德的一些见解

古人云："天地君亲师"。在我国历史上，教师具有特殊的社会地位。《论语·学而》有云："夫子温、良、恭、俭、让以得之。"孔子的思想可谓博大精深，"三人行必有我师焉；择其善者而从之，其不善者而改之。""因材施教""诲人不倦""有教无类""其身正，不令而行；其身不正，虽令不从"等，对后世影响深远。墨子把有道者劝以教人作为教师的大善，把隐匿良道而不相教诲作为教师的大恶。他强调教师要引导学生弘扬正气抵制邪恶。管仲也说："终身之计，莫如树人"（《管子·权修》）。西汉学者扬雄认为："师者，人之模范也。"南宋官员、学者王应麟在《三字经》中讲："教不严，师之惰。"唐代杰出的文学家、思想家、哲学家、政治家韩愈在《师说》一文中讲："师者，所以传道授业解惑也。"他非常注重道德教育。韩愈还认为"圣人无常师"，强调要勇于向比自己高明的人去学习。

当今，党和国家指出，教育是民族振兴和社会进步的基石，必须办好人民满意的教育，"立德树人"是教育的根本任务。教育部《中小学教师职业道德规范(2013年修订)》中明确，教师应当爱国守法、爱岗敬业、关爱学生、教书育人、为人师表、终身学习。母校东北师范大学校训"勤奋创新，为人师表"，也一直影响着我们东师学子。

二、坚持终身学习，采他山之石，不断提升自身素养

21世纪，学习型、信息化社会要求我们要坚持终身学习，活到老，学到老。教师不能故步自封，因循守旧，要崇尚科学精神，树立终身学习理念，拓宽知识视野，不断更新知识结构；教师当潜心钻研业务，勇于探索创新，不断提高专业素养和教育教学水平。而外出学习培训，则是一条重要途径。

今年八月初，我所在的"吴宏丽·青岛市名班主任工作室"一行八人乘机从青岛远赴哈尔滨，参加由北京慧师明德教育培训中心承办的"全国中小学班级管理创新与班主任工作艺术高级研修班"，认真学习取经。培训中共听了五位专家老师的培训报告，感触最深的是郑重教授的报告。作为教育部中小学校长"国培计划"首批专家，辽宁省铁岭市教师进修学院郑重教授给我们做了一场生动而深刻的报告——《中小学班主任的专业素养》。郑教授给我们展示了小学、初中和高中三位优秀班主任王钢、李士艳、刘冬的好想法好做法，让我们一线班主任受益匪浅。

网上曾经流传了一份新时期教师专业标准：

"上得了课堂，跑得了操场。批得了作业，写得了文章。开得了班会，访得了家长。劝得了情种，管得住上网。解得了忧伤，破得了迷惘。Hold得了多动，控得住轻狂。受得了奇葩，改得了智商。查得了案件，打得过嚣张。最关键是忍得住工资不涨。"

我想，这用来形容班主任还是有些道理的。班主任是学生成长的导师，是班级教育管理工作的核心和灵魂人物，责任重大。高一新生开学以来，我所带的崂山班 12 班的孩子中有不少人习惯不佳，有的被子不会叠，有的床单不会拉平，有的课前不知道提前准备书本材料，有的上课不认真听讲，趴着走神……他们需要一个纪律严明、坚强有力、富有爱心和智慧的班主任去指导和教化，需要作为导师的班主任我去多跟靠、多批评、多指导、多帮扶，需要我付出更多的爱心和耐心。我既要抓纪律卫生文明礼仪等各种常规，也要抓学习，指导他们明确理想目标、职业愿景与阶段性规划。但是，人的精力毕竟是有限的。前两周学生在校时，我天天早到校晚归家，早上 6 点多儿子没睡醒我就从家出发，晚上 10 点多将近 11 点到家，儿子早已入睡，以致一岁半的儿子都不叫爸爸了。想想，真有些对不起儿子、女儿、爱人和父母。如何兼顾家庭与工作，有些时候真是个两难选择啊，我只能尽力去平衡，力求兼顾了。

郑教授讲，要做好班主任，必须苦干、实干加巧干。班主任工作既是体力活，又是脑力活。告诉学生干什么，更要引导和告诉学生怎么干。班风的起点可以是标语或口号，班风的重点是内化为素质，落点则是外化为行动。我想，班主任必须身教和言教有机结合。郑教授指出，优秀班主任必须教好自己的课，带好一个班。班主任教好自己的专业课非常重要，否则不足以服人。

我们高一级部在完善和推进学生自主管理机制，我们 12 班也成立了班级学生自主管理委员会，我还给他们制作了值班牌，让孩子们人人有事做、事事有人做，人人都有锻炼成长的机会。我多给班干部和其他学生做指导，制定班级公约，引导他们自信自强，进行自我管理、自我教育、自我服务，引导孩子们树立好的习惯，要为梦想而奋斗。作为任课老师，我力争上好每一节课，争取做好师生互动，教学相长，培养学生家国情怀，引导学生夯实基础知识，提高基本能力，努力具备科学素养。

影响孩子成长的四大因素是先天遗传、后天环境、教育训练和个人努力。马克思主义哲学讲，矛盾具有特殊性，世上没有两片完全不同的树叶，也没有两片完全相同的树叶。先天遗传因素是后天改变不了的，所以班主任不能求全责备，要因材施教，不能对所有学生一刀切而不考虑学生的个体特殊性。班主任要善于发现学生的闪光点，用富有智慧的言行鼓励学生自信进而自强。教应为学服务，教要考虑学生的学情，教师应引导和促进学生的学。一个人的成长状态，不在于别人怎么要求你，而在于自己怎么要求自己。班主任对自己的要求，应高于学生对自己的要求，这样学生就会"仰视"你。

今年秋季我校新高一 12 个班，我带 5 个班，分两个层次，崂山班和市区普通班，我在教学中就应考虑不同班级学生的学情。我班高一 12 班是崂山班，共有 49 人，学生分数低，底子差，体育生、捐资助学生有九人，学生中考成绩差距也很大，达 200 多分。我需要仔细观察学生，思考不同层次学生的教育方式。作为班主任和思想政治课老师，我更需要挖掘他们的闪光点，增进他们的自信心，引导他们改进学法，养成良好的习惯，在人格上尊重学生，在生活上关心学生，在行为上帮助学生。

班主任的专业素养有五点：爱学生并会爱学生，负责任并会负责任，能沟通并会沟通，能设计并善于设计，能研究并善于研究。班主任要学会用大爱去做小事，要做好达成被爱、引导施爱、启发自爱和反思偏爱四个方面工作。班主任的成长规律是遇到需要解决的问题，形成解决问题的方案，经历解决问题的过程，体验解决问题的感悟。我深知，专业素养的提升绝非朝夕之功，需循序渐进，日积月累，在学习、践行与反思中不断提升。

好的教育要努力做到"有味无痕"。好的班主任要会讲故事，恰当地用好暗示、提示、明示、警示和惩戒，教育学生应合乎人性、体现人道、口下留德、手下留情。今年高一新生报到，我便给孩子们讲了一个故事—《老驴的转变》：

一头老驴，掉到了一个废弃的陷阱里，很深，根本爬不上来。主人看它是老驴，懒得去救它了，让它在那里自生自灭。那头驴一开始也放弃了求生的希望，每天还不断地有人往陷阱里面倒垃圾。按理说老驴应该很生气，应该天天去抱怨，自己倒霉掉到了陷阱里，它的主人不要它，就算死也不让它死得舒服点，每天还有那么多垃圾扔在它旁边。

可是有一天，它决定改变自己的态度，它每天都把垃圾踩到自己的脚下，从垃圾中找到残羹来维持自己的生命，而不是被垃圾所淹没。终于有一天，它重新回到了地面上。

借用这个故事，我引导学生思考和分享故事中蕴含的智慧以及自己的感悟。有的学生说，要转变态度，态度决定一切；有的学生讲，要明确目标与追求，坚持不懈，持之以恒；有的说，人生如海，总有潮起潮落，处于低潮时切莫自我放弃，要有坚强的自我……我们师生共同分享感悟，在互动中成长。

三、教育，贵在认真，难在坚持，要在践行中反思提升

我知道，"学高为师，身正为范"。屈原名作《离骚》中有句名言："路漫漫其修远兮，吾将上下而求索。"好的经验其实不少，但我要牢记："学最好的别人，做自己的最好。"工作十多年来，我也听了不少专家报告，印象深刻的都是将理论与教育故事有机结合的，既蕴含深刻理论又形象生动，深入浅出。人生诸事，贵在认真，难在坚持，教育亦然。好的教育理念、经验与故事值得我去认真品味，在反思践行中融会贯通，为我所用。我要当好学生成长的导师，学生发展的引路人。

浅谈头脑奥林匹克竞赛活动
辅导中的体会与做法

青岛二中分校 宋雪莲

摘要：头脑奥林匹克竞赛是一项国际性的培养青少年创造力的活动，1976 年由美国的一名教授发起，活动宗旨是开发青少年的创造力，培养学生的创新精神和团体协作精神。本文主要结合作者在头脑奥林匹克竞赛辅导活动中的一些经验、做法，从树立正确的指导思想、创设充分开放自由的活动环境与氛围、注重对学生创造能力的培养、充分发挥活动中团体的作用四个方面谈了一些自己的体会与做法，以便于更好地促进头脑奥林匹克竞赛活动的开展。

关键词：创造力；独特个性；探索

一、正确理解头脑奥林匹克竞赛活动的内涵，树立正确的指导思想

头脑奥林匹克竞赛的英文名字是 Odyssey of the Mind，原意为头脑漫游，简称即缩写为 OM。它于 1976 年由美国一名教授发起，从 1980 年起每年举行一次世界决赛。它是一项开发学生头脑潜能、全面培养学生创新精神和实践能力的国际性创造实践活动，被人们形象地喻为头脑风暴，其本质就是让学生成为知识的探索者，让学生在未知的道路上漫游，让学生用其创造力把我居住的世界变得更美好。

为此，作为头脑奥林匹克竞赛活动的辅导教师首先要有一个正确的指导思想，我认为主要有以下几点：

1. 让学生成为探索活动的主体

探索是学习的生命线，没有探索就没有学生能力的发展。要使学生的自主探究能力得到发展，就必须让学生自己亲历探究的这个过程，在头脑奥林匹克竞赛中辅导教师不能代替学生、也不要抓的太多，要给学生更多的自主权利，让学生去尝试、去失败、去改进，只有让学生亲历了这个过程，学生才会真正地得到发展。

2.引导协助学生的探索之路

在以往的辅导工作中，我常常定位自己是学生的一个引导者，是学生的一个协助者，是学生的一个伙伴。在学生困惑时适当地加以引导点拨，在学生遇到困难时，及时地给予鼓励和协助；像一个伙伴一样和学生讨论、争论，分享他们的快乐、难过、失败与成功。

3.积极发掘培养学生的创造能力

发掘培养学生的创造力是头脑奥林匹克竞赛活动的一个重要内容，创造力也是学生今后人生发展不可或缺的一种重要能力，所以在活动中，要有意识地抓住点滴时机，去发掘培养学生的创造能力。

4.注重探索过程，使其贯穿于学生的终身发展

因为此项活动是一项竞赛活动，很多辅导教师在活动中过于追求比赛成绩，而不注重学生的探索过程，扭曲了头脑奥林匹克竞赛活动的本质；还有些教师注重阶段化训练，未能将其精神和本质与自己的教学实际相结合，未能使之贯穿于学生的终身发展。

二、创设充分开放自由的活动环境与氛围

有了正确的指导思想后，在开展实际活动中还要给学生一个开放自由的活动环境与氛围，便于学生积极主动的探索。

1.开放自由的活动环境

在学校的支持下，我们有专门的活动室，每天下午课外活动是我们科技小组的活动时间，每次活动一般都是围绕某个主题展开，主题的确定一般是这样的流程，首先由教师、学生每人提议一个主题，然后大家参与表决选题后，作为下次活动的研究主题，有时候因为比赛任务需求，教师可以根据需求设定主题；学生在活动中可以自由组成小组参与或是个体参与，也可以根

据需要随机变动小组；另外，学生可以根据需要，自己联系（或是辅导教师联系）专业教师或是其他专业人员来协助解决某些问题或是举办知识讲座等，这种环境给学生充分的自由和选择的权利，也充分利用了可用资源。

2. 民主、和谐的探索氛围

在建立科技小组初始，我就提出"友好协作、充分辩论"，为此，我常常以身作则，在活动中和学生辩论得"面红耳赤"，学生在我的带动下，常常也是有想法就说，有不同意见就辩；为了使自己的观点、想法能够说服别人，我引导学生一定要动手去进行实践，用事实来支持自己的观点和看法；另外，在实际制作中，我要求学生分工既要明确，有清晰的分工安排表，又要互帮互助，形成和谐一致的团体队伍。

三、注重对学生创造能力的培养

在辅导中，有意识地对学生的创造能力进行发掘与培养是非常关键的，不仅对整个竞赛活动有着积极作用，对学生今后的发展意义也非常重大，为此我的做法是：

1. 激发学生强烈的求知兴趣

兴趣是培养创造能力的首要前提，因为有兴趣，他才会主动探索，因为有兴趣，才让探索变成一种享受，因为有兴趣，才会不断涌现"奇思妙想"，所以从长远看，只有让学生有强烈的求知兴趣，才会激发学生的创造力。

（1）做好"前奏"，让学生容易入手。无论竞赛还是平日活动中，有些项目学生往往感觉困难而无从下手，为此，我常常在起初阶段将复杂问题简单化，将题目分解成一个简单问题，比如在小车运送中，我仅仅问怎么制作一辆简易的小车，能跑动就行，其他的问题先暂时不抛给学生，让学生感觉容易上手，没有畏难情绪；有时候我会邀请一些专业人士给我们做现场示范演示，激起学生的兴趣，学生在初步阶段可以尝试去模仿；有时候我会播放此类比赛现场的视频，极大地激发学生的兴趣和求知欲。

（2）引入适度竞争。给学生适度的刺激，让他们参与到竞争中，这样学生就有了不认输、敢拼搏的动力，兴趣也大大提高。例如我在辅导承重结构的设计与制作时，将科技小组划分成 6 组，先后进行了 3 轮 pk 赛，比赛场地就在校园，很多学生围观给本班比赛选手加油，很多选手也深受鼓舞、深感自豪。通过比赛，有的选手增强了自信心，更重要的是能够发现自己的不足，比赛完就马上积极地去找存在的问题，并探究这些问题的解决方法，调整后积极参加下一轮 pk 赛，适度竞争使学生的热情非常高涨。

（3）要让他们看到一定的成果。有些活动是比较艰苦的，很多学生往往因为不断地失败而放弃，为此，我常常给他们适当的鼓励，让他们能够看到自己的成果，比如将他们制作中的作品在校内陈列展出，开展一些小项目的 pk 赛等，虽然他们的作品还不是很成功，但是通过这些激励手段，让他们时不时地有一定的成就感，从而激励他们保持探索的欲望和热情。

2. 引导学生自主探究的能力

（1）质疑问难，让学生自主探究。在辅导中，我一直鼓励学生要善于提出问题，有了问题要勇于探究，然后力求去解决这些问题，让学生在探究中带着这样的思路进行。在实际活动中，学生会提出很多问题，我一般都是先让学生自己通过动手实践，或是查阅相关资料试着解决，如果不行，我会给与一定的指导，有时候也会联系其他学科老师给予一定的指导，这样每次都是学生先自己解决，实在行不通才找到老师，效果还是很不错的，很多学生通过不断尝试，自己都能把问题解决了，有些方法连我都很佩服。

（2）敢于放手，让学生自主探究

在辅导中要敢于放手，即充分发挥学生的主体作用，不要因为担心学生做不好就越俎代庖，任何事都由教师代办代劳，那么，培养学生的创造力就成了一句空话。实际上，学生探究的过程是一个发现与创造的过程，我们的任务就是引导和帮助学生进行这种发现和创造工作，而不是把现成的知识灌输给学生，学生通过自身的"发现和创造"实践，进而达到了获取新知的目的。因此，在学生的探究过程中，我们应大胆放手，以学生为主体，为学生服务，引导学生不断发现问题、研究问题和解决问题。学生通过自己探索得出的方法，意味着是一个新发现，对他本人来说是个了不起的创新，是成功的体验。

这就更有利于学生思维的发展，有利于培养学生的探究能力和创造能力。

3. 尊重培养学生的独特个性

每个学生都是一个独特的个体，都有其独特的潜能，是其创造力不可缺少的部分。教师要尊重这种独特个性，给这种个性充分发展的天地。在我的辅导中，我倡导任何人都可以去想，任何人的想法都是可能行得通的，对那些与众不同提出自己见解的学生我常常大力表扬，例如在承重结构设计中，我的学生设计的类型非常繁多，形态各异，我在评价时，会注意从不同角度，比如从材料的节省度上，从上下截面的承重上，从结构的扭转度上等等，给学生不同的比较和肯定。

4. 要有不怕吃苦，勇于克服困难的品质与毅力

在活动中，学生会遇到很多意想不到的困难，很多学生容易退缩，而创造力的培养是个艰巨的过程，并非一蹴而就，所以要给学生充分的信心，培养他们勇于克服困难的品质和毅力，这对创造能力的培养非常重要。所以，当学生感觉困难时，我常常鼓励他们再坚持一下，当学生灰心时，我就鼓励他们下一次可能就成功了，对于学生的失败我常常找积极的一面讲给学生听，例如失败说明这种方法行不通，正好以后我们要实验的次数又少了一次等等，在我自信、乐观态度的影响下，我的学生都能比较乐观、坚强地对待困难。

四、充分发挥活动中团体的作用

OM竞赛的首要原则是团体努力、相互合作。所有的竞赛活动都是以队为单位来完成的。一个队是一个整体，在活动的全过程中都要体现整体精神。题目的解题方案的讨论，装置和道具的制作等工作都需要大家一起完成。只有集中大家的智慧，才能完成一个最佳方案。每个队员在队中的表现，都将影响整个队的成绩。在竞赛中，团体合作至关重要。每个队员都要听从指挥，决不能有出风头的思想。我的做法是：

1. 首先团队要达成一致的目标，并坚定地执行这一目标

在确定主题后，我都让每个小组先相互讨论商量，制定一个总的目标，然后在每周的课外科技活动前拿出几分钟时间，商谈确定这次活动的小目标。

有了共同的目标后，每个成员都积极地向着这个目标努力，而不想成为本组的落后者，一段时间下来，学生的效率大大提高。

2. 每个成员都要学会沟通和交流，以此态度参与到活动中

活动中，我始终强调一个态度，就是要学会沟通和交流，因为很多孩子个性特别强，我唯我独尊，完全按自己的想法办事，毫不顾忌组内其他成员的想法，在此情况下，常常发生很多矛盾。刚开始建立科技活动小组时，我为此耗费了很多精力去协调，大大影响实质活动的进展。后来，我邀请心理老师给进行了几次培训，让学生学会交流和沟通，每个小组还制定了组内文化，其中都提到了沟通、合作和交流，逐渐地形成整个科技小组处理问题的一种态度。

3. 小组成员既要有明确分工，又要互帮互助

在活动中，每个小组都要制定分工计划，并列出分工表，每次活动都要及时检查分工完成情况，做好统计和记录，对那些完成好的学生要及时表扬，对整个小组每个成员都完成好的小组更要表扬，这样促进学生既要完成分内工作，也要不忘相互帮助，如果我在活动中发现互帮互助的例子，就会很高兴地加以赞扬。

4. 教师要给予团体评价，促使形成团体协作的好风气

为了让学生意识到团体的重要性，每次活动后，我都会评选最佳合作小组奖，让此小组介绍他们合作的经验、方法等，这样，渐渐形成一种团体协作互助的风气，并且让这种风气得以延续，我的每一届学生都延续保持了这种好的风气。

在实际辅导工作中，我还有很多需要学习和改进的地方，我希望在自己的工作中能够本着不断学习、不断思考、不断改进的态度继续我的辅导探索之路。

我的"太极推手"

青岛二中分校 宋雪莲

网站制作是选修模块《网络技术应用》中非常重要的一部分内容。这部分内容技术含量高，综合能力要求强，要对多种素材信息进行整合，表达上要具有艺术性，技术上要具有技巧性，所以难度上比较大。学生往往会感到难学，老师常常感到难讲。那么，教学中如何解决这些问题呢？我结合自己的教学实践，提几点"化难为易"的"太极推手"。

摘要：本文主要是笔者针对自己在信息技术选修课程——《网络技术应用》模块的网站建设这一部分中的一些具体的想法和做法，提出通过不同的手段将复杂问题简易化的理论，使得学生在兴趣引领下完成这部分的学习，犹如"太极推手"，进受得当。

关键词：太极推手；规划；个性

一、入门要易，兴趣为主

在学生刚刚接触网站制作时，兴趣还是比较大的，但是看到大量的花花绿绿的、专业的、复杂的网站实例后，往往产生畏难情绪，心想：这么多内容怎么学习？于是心理便有了负担。作为教师，能够在起初的教学中，让学生比较容易地入门非常重要，为此我的建议和做法是：

1.结合熟知的软件，将相同的内容迁移过来

高中网站制作软件主要介绍的是 Frontpage 软件，它和 Word 同属于 Office 家族，有很多相同的地方，比如文字的编辑、图片的插入、艺术字、表格等，在教学中，让学生将已经熟知的 Word 内容快速有效地迁移到 Frontpage 学习中，让学生接受起来比较容易，而且大大提高了效率。

2.分析、模仿简单易实现的网站，降低难度

对于学生刚开始学习网站制作，我一般采用简单易实现的网站实例，引领学生从网站内容、结构、美工、技术等多角度剖析，然后让学生去模仿实现类似的网站，获得初步成功的体验。可能有的学生或是老师问：为什么要模仿呢？举个例子说：别看日本的汽车业现在这么发达，甚至有超过欧美之势（当然很多技术已经超出），日本的汽车业就是从模仿欧美开始的，今天中国也在走这条路。通过模仿别人使我们熟悉网站的制作过程（怎么规划、设计，怎么合理利用素材，怎么向主题靠拢等等），知道问题产生后的解决办法，吸收别人的长处。这样就积累了一定的基础，有了一定知识，就会跃跃欲试。当然，模仿只是网站制作初期，最终我们要提倡学生自己创作。

　　另外，学习中兴趣是最好的老师，但是让学生保持长期的兴趣却是非常难的，而要有学习成效，需要的恰恰是长期的兴趣，为此我的建议和做法是：

　　（1）任务设定要大小适宜，要分层次。在教学中，我们常采用任务驱动教学，如何布置任务才能让学生有兴趣，我觉得我们必须深思。我常见到的问题是任务设定过大，例如：拿出2节多课让学生分组去做个网站，很多学生面对庞大的任务根本是囫囵吞枣，如吞不下就放弃，任务作用大大降低。还比较常见的问题是任务设定过小，学生很轻松就能解决，没有挑战就没了兴趣。所以设定性适宜而有挑战性的任务是非常重要的。

　　另外在网站制作中，学生的水平是有差异的，有的水平比较高，一些任务过于简单的话就会让这部分学生失去兴趣；另外有些学生水平较低，同样的任务就会让他们觉得很难，从而放弃进一步学习……根据学生的差异，分层设置任务非常重要。在教学中，我常常设置基础任务、选作任务、拓展任务等，满足不同学生的需要。

　　（2）采用竞争机制，激发学生的学习兴趣。有竞争就会有动力，就会有兴趣。教学中我常常多角度设置竞争项目：比如设置网站最佳创意奖、网站最佳美工奖、网站最佳技术奖、最佳合作组、最具潜力组等等，有了这些竞争项目，学生学起来兴趣盎然，反应积极。

　　在教学中，教师必须为自己的教学不断输入新鲜"血液"才能激发学生的兴趣。

二、好的规划与设计，是成功的一半

在网站制作中，学生往往对网站的规划和设计不重视，让他们做一个网站，他们往往不假思索，动手就做，结果发现越做越难，作品也显得非常凌乱。有句名言说得好：一个优秀的设计成就一个优秀的作品。没有一个好的规划与设计，又怎么会有好的网站作品呢？为此我的做法是：

1. 在网站制作初始，做足规划与设计部分的"文章"

在网站制作教学中，往往安排 1～2 节课来学习网站的规划与设计，有些教师往往觉得不好讲，不重要而忽略，而我对此却非常重视。比如为了讲好这部分内容，我给学生制订专门的任务表，去规划自己的主题、内容、结构等，定位自己的网站风格；另外我还给学生展示很多资料，让学生借鉴确定主题、结构等，只有教师重视了，学生自然也重视起来，而且有了好的规划，学生有据可循，网站制作起来就简单多了。

2. 培养学生形成规划与设计的思想

对于作品制作的内容而言，很多都要用到规划与设计思想。在网站制作时培养学生的规划与设计思想，对以后的多媒体作品制作同样有着相同的作用。不仅学习中要让学生养成规划设计的思想，很多事情都要引导学生去规划设计，包括自己的人生。

三、不求全责备，倡导个性与特色

其实网站制作是个综合、复杂的内容，制作时既要考虑有充实的内容，又要有美观的界面；既需要具备图像处理技术、网站制作平台技术，还需要数据库技术等，在高中学习中，很难让学生具备所有的技能，而一个好的网站作品其特色和个性往往是必须具备的，为此我的建议和做法是：

1. 建站初始，定位自己的特色与个性

在学生刚刚接触网站建设时，让学生通过观摩一些优秀的网站，分析别人网站的特色、个性，让学生在网站规划时就形成一个定位自己网站风格、特色的意识，在学生的规划设计表中，要体现网站的风格和特色。

2.给学生展示个性和特色的空间

充分给学生创设个性和特色展示的空间,比如在教学网站上展示学生特色网站,经常评选最佳创意奖、最佳特色奖等,有了展示的天地,很多好的创意、设计和特色作品蜂拥而现。

四、评价贯穿教学始终

教学评价是教学中不可缺少的重要步骤,贯穿于教学中,是完整的教学设计的一个部分。既有对教学过程的评价,也有对教学结果的评价。例如在我的网站制作评价表中,可以看出两者都要兼顾,涉及整个教学环节。

评价分类	评价角度	评价说明	程度评价
作品制作过程评价	知识串联度	与前面所学知识点相联系,整合其他学科的知识	低　　中　　高 ————————
	方法多样性	通过多种方法收集相关信息,并有效选择与删除所收集到的信息	低　　中　　高 ————————
	合作学习度	小组成员合理安排任务,合作完成该作品	低　　中　　高 ————————
作品成果评价	技术性	根据作品主题选择适当软件,并充分使用软件中的各种功能;作品完整	低　　中　　高 ————————
	艺术性	文字的排版及艺术字的使用,版面设置合理,整体布局清新	低　　中　　高 ————————
	创新性	突破纯文本与图像的限制,加入视频、声音等相关信息	低　　中　　高 ————————
	思想性	主题明确,内容直观明了,联系生活实际	低　　中　　高 ————————
其他			

对于网站制作,我还有很多需要思考和改进的地方,我希望在教学中能够始终作为学习者、思考者,不断完善自己的教学,不断取得进步!

和风细雨，润物无声

——浅谈班主任情绪控制与管理

胶南一中 高玉刚

　　每次读《教育文摘》，我都被里面生动的案例所吸引，掩卷而思，感触颇深。看到一篇谈教师情绪控制的文章，我不禁想到了今年发生在身边的一件事，让我对自身情绪的控制和管理产生了新的思考。

　　高一新生入学分班的时候，我的班里有一个身材高大的学生。这个男生时不时在上课的时候溜出去上厕所，引起了我的不满。一开始我并没有和他直接沟通，只是在内心觉得这个学生上课不专心，借上厕所玩耍而已。

　　这种状况持续了一段时间，矛盾终于爆发了。有一次，在我的课堂上，这个学生又要举手上厕所，我坚决不同意。在教室外的走廊上，师生二人争执起来。我坚持认为他是学习不专心，他坚持认为上厕所是合理要求。见他不服从我的意见，我的情绪有点失控，声音越来越高，引来了一些同事和学生的驻足观望。这个学生这时也火了，和我争吵起来，根本不听老师的训导。我觉得此时陷入了一个僵局，骑虎难下。

　　这时一位路过的同事过来拍拍我的肩膀，低声告诉我："注意控制一下自己情绪，跟学生这样叨叨，让别人笑话。"我心头猛地一惊，是啊，仅凭班主任的权威，即使在与学生的争执中占了上风，也会给别人留下话柄。我当即决定，把这个学生拉到一个没人的地方，静下心来和他好好交流交流。学生见我不再激动了，他也逐渐平静下来。班级管理其实是沟通的艺术，只有高质量的沟通才可以消除误会，可以产生无限的力量。

　　经过和他推心置腹的交流，我了解到，这个学生确实肠胃不好，而学生也知道了我的出发点是关注他的学习，师生有了平等温和的交流，这场暴风雨终于平息下来。这次事件使我充分认识到，现在的学生个性很强，"维权"意识也很强，班主任暴风骤雨式的管束很难让学生信服，现代的班级管理更需要班主任具备高水平的沟通能力，班主任的情绪控制与管理显得尤为重要。那么如何去控制自己的情绪呢？我觉得有如下几点：

一、善于换位思考

学生很多时候犯错并不是故意在挑战班主任的权威，而是一种无意识的行为习惯使然，教师无须为此大动干戈。站在学生的立场上考虑问题，很多时候，学生的过失并不是绝对不能原谅的。或许他有自己的缘由，弄清原因反而比自己意气用事更重要。

二、有包容的心态

一个人心胸狭窄，只关注自己，就容易生气，闷闷不乐，斤斤计较。而当你胸怀宽广时，你就会容纳别人，欣赏别人，宽容别人，自己也就能保持乐观。人非圣贤，孰能无过，过而能改，善莫大焉。再调皮、捣蛋的学生都会有其可取的一面，教师应学会用宽广的胸怀去包容学生，以积极的心态去面对问题，当你准备想方设法去解决问题时，就不会在不顺心的事面前一味愤怒了。

三、适时转移注意力

愤怒的情绪来临时如狂风暴雨一般，来去迅速。此时不妨转移自己的注意力，可暂时让自己保持沉默、冷静，让学生静静反思，或让学生在纸上写清来龙去脉。如果实在不行，不妨暂时换个场所，眼不见，心不烦，等心情平静时再去解决。

四、要会"微笑"

笑容是无声的语言，它能直接拉近两者之间的距离，给人一种亲近感。班主任在走进教室时不一定非得板着脸。例如在课堂中有的学生难免会开小差，刚讲过的题目做不出来或者作业未交等，教师为此火冒三丈，心情自然烦躁；而学生受到教师不良情绪的影响也无心听课——如此恶性循环，教学效果大打折扣。与其这样，教师不如用自己的人格魅力来吸引学生，碰到急躁的事情做一个深呼吸，来一个微笑，让"热事情"得到"冷处理"。在这个过程中，教师温文儒雅，耳提面命，循循善诱；学生心悦诚服，闻过即改，感恩在心，不是更好吗？

辛弃疾有词曰："我见青山多妩媚，料青山见我应如是。"最后送给所有在一线辛勤工作的班主任一句话：愿大家都成为情绪的主人，而不是被情绪所控制。

从技巧到技术
——班主任工作浅见

崂山一中　马千里

《中小学班主任工作规定》中对班主任工作是这样定位的：班主任是中小学日常思想道德教育和学生管理工作的主要实施者，是中小学生健康成长的引领者，班主任要努力成为中小学生的人生导师。应该说，这个定位对于一位班主任来说，是非常高的要求，作为一个工作不满十年，班主任经历才六年的年轻老师来说，想达到这样的境界就更难了。班主任是家庭、学校、学生之间的协调者，也是几十个未成年人的管理者，工作琐碎，千头万绪。总结这几年的工作经历，觉得自己在慢慢地改变、进步，也逐渐地总结出一些粗浅的经验，尝试着总结一下，为自己的工作留下一点积累，也为继续做好这份工作提供一点指导。

一、开好头很重要

俗话说，万事开头难，一个好的开始是成功的一半。无论是高一接到一个新班，还是高二进行分班之后，我们都面临着如何让新班尽快步入正轨的问题，新班伊始，千头万绪，但抓住三点，就能迅速有效地理清头绪，一是宿舍，二是学习小组，三是班干部。

先说宿舍，宿舍长的选择、舍员的分配、床铺的分配，班主任应该一言而决，不要给学生讨价还价的余地，而且一定要在学生到校或到班之前，做完所有工作，名单直接贴到教室和宿舍的门上。宿舍的卫生、纪律管理及奖惩办法不妨让学生自己商量确定。新班组建的第一个月，班主任一定要勤快一些，不妨每天早上去宿舍转一圈，发现问题，马上处理，另外也能和宿舍

174

管理员及时沟通，了解宿舍的情况。用不了一个月，宿舍基本上就不用操心了。

再说学习小组，学习小组的组建应该综合考虑各种因素，例如性别、学习成绩、走读生、性格的搭配，小组长的选择可以采取组内选举的方式，最好选一位学习组长、一位活动组长。对小组进行捆绑评价和奖惩，这样小组内会出现以优带差、合作创优的局面，使班级风气不会被个别学生或者小团体影响。

再说班干部，班干部的选择，我采取的方法有三种：①让学生主动申请，鼓励学生通过这种方式锻炼自己的胆识、说话技巧、组织协调能力、工作思路、细节的考虑等各方面的能力；②班主任物色到合适人选之后进行动员；③指定临时负责人，考察并给予机会露脸试用，再民主选举。三种方法可以灵活使用，但一定要在新班组建的第一天就完成这个工作。

选定班干部之后，要大胆放手，把班级具体事务派给班干部，充分发挥他们的管理之才，如自习课的纪律管理，考勤统计上报，团队活动的组织，值日工作，学习活动，公物维护等；鼓励他们充分探索搞好班级工作的方法，对他们工作中的困难予以帮助，对工作中的失误我承担领导责任，并及时地给予指导和帮助，对工作中的成绩给予表扬和奖励。

宿舍、学习小组和班干部都确定之后，就可以着手与学生一起制定切合本班实际又有实效的班规，使班规能反映绝大多数同学的意志。当然，有了好的班规，还必须持之以恒地贯彻落实，才能让学生逐渐养成良好习惯，为良好班风学风的建立奠定基础。

二、因材施教效果好

最近看到一本书上对《西游记》的一段评论："唐僧是一个好领导，他知道孙悟空要管紧，所以要会念紧箍咒；猪八戒小毛病多，但不会犯大错，偶尔批评批评就可以；沙僧需要经常鼓励一番。这样，一个明星团队就成形了。"这个团队完成了它最大的共同奋斗目标，而且每个成员都得到了发展。

寸有所长，尺有所短。班主任也应针对不同的学生、不同的班级特点，采取不同的教育方法。如果自始至终都用同一种模式进行管理，把同一种方法应用到每个学生身上，那将是一种适得其反的教育，班级管理也达不到预期的效果。古人说"不审时度势则宽严皆误"，我觉得班主任工作是"不识人则宽严皆误"。

但若能针对学生的不同性格特点，采取不同的教育方法和管理方法，既能发挥学生的最大潜力，又能赢得学生的喜爱和支持。例如对那些学习习惯好、自律较严的学生，就不用经常去强调日常行为规范，而应该激励他们树立远大志向；对那些调皮、活泼、容易违纪的学生，就应该一方面加强行为习惯的约束，一方面去挖掘他们的优点或特长，正面鼓励，双管齐下；对那些顽劣不堪、品行较差的学生，就应该加强监督管理，保留好违纪记录和批评教育的材料证据；对那些家庭遭遇突发事件或者家庭情况较为特殊的学生，要格外地给予关怀，让他感受到老师和班级的温暖；对那些自信满满、成绩优良但又不踏实、比较骄傲的学生，要时不时地敲打一下，多泼泼冷水，让他能冷静下来，踏踏实实学习。

总之，千人千面，每一个学生都是独特的，因材施教才能发挥每一个学生的才能，才能让一个班级百花齐放、百鸟争鸣。只要真诚地与学生交流，走进学生的心中，得到学生的信任，无论是表扬还是批评，学生都会接受，班级工作也就能得心应手。

三、励志教育要到位

当前，我们的很多学生面临着这样的心理困扰，一方面感觉自己生活的氛围压力比较大，对未来前途忧心忡忡、茫然无助；但另一方面又缺乏明确志向，一天到晚不知道自己该干什么，浑浑噩噩，感到空虚、寂寞、茫然、郁闷、无聊、无奈，学习上倦怠并充满消极情绪。有些学生，家庭条件并不理想，父母花很大的代价送他来学校上学，他却找不到奋斗的目标；有些学生，家庭条件优越，没有通过学习改变自身命运的紧迫感，他也找不到奋斗的目标。

这些问题的产生，归根结底是因为学生缺乏远大的人生目标，或者空有目标、却找不到实现目标的途径所致。针对这种现象，我觉得励志教育非常有必要，应该天天搞、周周搞、月月搞！

励志教育的目的是要唤起学生的自主意识和成就动机，培养自我规划和自我管理能力，激发学生的潜能。

首先要让学生意识到每个人都是有很大潜力的，我们可以从往届毕业的学生或者现在正在教的学生中发现一些真人真事，加以夸张和提炼，讲给他们听，也可以从书上、电影上、网络上去寻找素材，生动事例的感染力远比说教和讲道理强大得多。

意识到自己的潜力之后，应该帮助学生树立起远大但不虚幻的奋斗目标，例如我给学生开过一个班会，叫作"人人都能上清华"，是一个清华的学生回自己的高中母校给学弟学妹做的讲座，内容很朴实但非常激动人心，讲完之后再给他们看清华、北大这些名校的校园风光、名人轶事，给学生讲自己的大学生活、大学同学甚至恋爱经历，一定要让学生把抽象的高考和具体的大学校园结合起来，从而树立一定要考大学、一定要考名校的决心和信心。

励志教育，说穿了就是"洗脑"，就是用美好的未来、伟大的成就激励人去奋斗，类似于"精神鸦片"，我们不能指望他吸食一次就能上瘾，就能管三年，所以，一方面应该定期地加大剂量，另一方面，变换角度、变换方法，不断地加强效果，这就需要我们班主任加强自身的学习和修养，学习一些心理学、成功学的原理，只有通过系统的、科学的教育，较为系统全面地培养学生的成功品质，才能勉励学生树立志向，并积极创造条件实现自己的志向。

以上所说的这些内容，有一些是自己想到并一直在实践的，有一些是想到了但实施效果还不太理想的，有一些是想到了但还没有做的，今天讲出来，权当抛砖引玉，希望能听到在座领导和各位班主任老师的点评和指正，帮助我在今后的工作中继续进步，谢谢大家。

距离美

崤山二中　韩江红

距离产生美，这是人们常用的一句话，常常是指人与人之间的关系，尤其是情人之间。其实细想起来，班主任和学生之间又何尝不是距离产生美呢？

经常羡慕很多很有经验的班主任，既能和学生走得很近，又能在恰当的时候拉开与学生的距离，使学生觉得班主任是凛然不可侵犯的，就得严格按照班主任的要求去做。在当班主任的过程中，有的老师把自己当成了学生的父母，恨不得把学生的每一件事情都包办，口头语就是"哎，这些孩子，就是些孩子，什么都干不好，什么都得我去操心，真没有办法"。还有的老师把学生视为洪水猛兽，容不得学生有半点的问题、错误，只要一出现问题就把学生一棒子打死，不给任何改过的机会。还有的老师打着"我是学生的朋友"的旗号，和学生打成一片，整天和学生们嘻嘻哈哈，这本身不是一件坏事，但是有的老师把握不好度，以至于一些原则性的问题也在嘻嘻哈哈中过去了，给了学生极其模糊的是非观，使得学生不知道什么是该干的，什么是不该干的，以至于在学校和以后的社会生活中没有正确的是非观。那怎么样的关系才是最好的，最可取的呢？当然是把握好与学生的距离，既能和学生无话不谈又能适时的拉开与学生的距离，使学生对班主任产生畏惧感，这才能对班级的管理收放自如。

无话不谈与适当拉开距离，是两件事情，班级创建初始先进行的应该是适当的拉开距离。一个人来到一个新的环境总是要先试探一下深浅，然后决定自己在新的环境下应该怎样做。如果一开始就是一种很自如、很放松的感觉，人的心理就会产生一种懈怠，认为这种环境下怎么样都无所谓，班级中的学生只要有三分之一的人有这样的想法，对于班主任来说管理班级就是非

178

常困难的。这其实就是收放的关系，一个人从收到放容易，可是从放到收就相对的要难很多。所以新学期开始一定要把班级的规章制度严格地传达给学生，让学生做到心中有数，什么是班级中不能触碰的底线，如果违反的话是会受到班规的处罚的。

班长是班级中的灵魂人物，班长的为人实际上就是班级班风的体现，一定要在确立班长人选的时候，辨别清楚，选择有正义感的、有责任心的、敢于承担责任的学生担任班长的职务。班长要想顺利地开展工作必须有学生的配合，所以班主任就应该经常性地在班级中树立班长的威信。当然班长也是学生中的一员，不可能所有的事情都能做到表率的作用，这就需要班主任老师私下里经常性地与班长交谈，让班长在心中树立起正直的观念，当班长为班级做了一些事情的时候，班主任就应该在班级中大力表扬，让学生们从内心里真正觉得班长在为我们服务，而且是在牺牲了自己的学习时间为我们做事情。这样学生们慢慢地就会对班长有了心理认同，就会对班长有了尊敬，尊敬在很大程度上是有一定的距离感才会有的一种心理状态。

班长在班里的地位确立起来以后，班主任就可以和学生适当的拉近关系了。当然这种关系的拉近是适当的而不是没有限制的。我们每一位老师从心底都是爱学生的，这种爱有别于父母的爱，我们的爱应该是放在心底的。曾经有一位老师说过，学生永远不是你的孩子，所以要把爱放在心底，和学生拉开一定的距离。现在的孩子都是父母的心头肉，在家里祖父母、父母给予他们的生活上的爱是满满的，所以我们当老师的给予学生的爱应该是长远的爱，是对他们以后的人生负责的爱。我们可以通过与学生交谈，与学生共同参加一些活动，与学生交流对社会上一些事情的看法等等一系列的方法与学生沟通，适当的就一些无关紧要的事情开开玩笑来拉近关系，但是一旦碰触到关乎原则性的、是非正义的观点时一定要及时的拉下脸让学生知道，这是必须严肃对待的原则性的问题。切忌与学生毫无节制地嬉笑打闹，毕竟学生与老师确实是两代人的代表，过度的嬉笑打闹会让学生忘记了自己的身份，虽然不会在班主任的面前有任何造次，但是在对待其他任课老师的态度上就会显示出不敬的情形。这对一个班的班风的形成是百害而无一利的。

内心情感的沟通，无关紧要事情的玩笑，原则事情的严厉对待，这几个方面把握有度，有张有弛，才会产生与学生之间的距离美。

我的高三 我们的高三

崂山二中 韩江红

　　高三这一年漫长而又短暂，无论是老师还是学生，这一年都将是这一生中值得回忆的一年。

　　随着 6 月 8 日下午 5 点高考结束铃声的响起，2014 级学生的高中生涯正式结束。以后再也不用每个周的周日想方设法地请假了，再也不用担心节假日被留在学校里上自习了，学生们的心情应该是无比愉悦的。我也告诉学生可以尽情地在家里放松了。可到了第二天的早上就纷纷有学生告诉我早晨四点就醒了再也睡不着了，又过了几天就不断地有学生问什么时候返校，字里行间中就能看出想回学校的迫切心情。难道是只有到了失去的时候才能珍惜？

　　回想高三这一年各种滋味涌上心头。大致可以分为以下这样几个阶段：

　　豪情壮志期。这一阶段属于刚开学的时间，学生们经过一个暑假，就等着把在家里定的宏伟目标变为现实。还有个别学生已经在暑假期间选择了春季高考。在这种情况下我肯定了学生的这种想法很好，但同时强调高三这一年最重要的是坚持，不论遇到什么情况都不能影响到学习的情绪，为此班长李顺组织了班会，请班里的几个同学发言说一下自己的打算。其中宋怡同学提到，高三这一年很重要，在学习时功利心不能太强，有的同学付出了短时间的努力就想收到极大的收益，这样就会引起情绪的极大波动，从而影响学习。宋怡同学一直是班里能坐得住的学生，她的发言对同学们的情绪起到了稳定的作用。

　　热情即将冷却期。这是出现在一模考试前，学生经过紧张的一轮复习，在复习的过程中因为平行班的学生基础较差，不会的东西太多，所以刚开学时的热情在一点点地消退，但是又因为一模考试的重要性，学生们都在坚持着。班里有几个学生一直在努力地学习，我一直鼓励学生们以这几位学生为榜样，有些同学在学不进去的时候就会看看这几位同学，他们起到了"定海神针"的作用。

一模考试之后的浮躁期。学生们紧绷了一段时间后有点懈怠。还有一些学生一模考试成绩不理想，有点想放弃的想法。我们组织了一模之后的主题班会，让学生们讨论一模之后的计划，热孜万古丽同学在讨论时表达了一种同学们听后都很信服的观点。热孜万古丽同学告诉同学们，我们努力学习，坚持早起学习，养成良好的习惯，即使我们在高考中没有取得好成绩，但是我们有了这种品质，那么在以后的工作中也是大有好处。

高考之前的紧张期。随着高考日期日渐接近，同学们的紧张情绪也日渐明显。焦虑的情绪导致了同学之间关系的紧张。在二模考试之前，班长在安排座位时，有一名女生看到自己的桌子被搬到储藏室，情绪失控到冲着班长大喊大叫，班长也很委屈，自己连早饭都没吃好就急急忙忙地来到教室，还没有得到同学们的理解。看到这种情况后我很气愤，对于这个女生不能从大局考虑感到很失望。但是考虑到马上就要考试了，所以我控制住自己的情绪，让学生们准备考试。考试结束后我找到了这位女生，了解到她与班长的关系很紧张，原因就是她听她的朋友说班长曾经说过她的坏话。我意识到学生们过于紧张，都想从朋友们那里得到安慰，所以经常聚到一起互相排解，但是说着说着就张三长李四短地说一些无聊的事情。然后关注的重点就到了"说我坏话我很生气"。这种背后是否说坏话的问题没有人能处理的了。所以我从"真正的朋友应该做什么"这个角度跟她分析。高考是每个人都要经历的重要时刻，每个人在这种阶段都会紧张，如果是真正的朋友不会在这么重要的阶段再告诉你一些让你不开心的事让你更加地焦虑，如果有这样的人一定不是真正的朋友。经过耐心的开导她情绪稳定了下来。

高三这年确实很艰苦，但是学生们都坚持了下来，对于我们每个人来说都是一种成长，一种胜利。

德育教育路在何方

崂山二中　刘晓黎

　　提笔写这篇文章之时，我不禁想起了那件在我脑海中留存已久、记忆深刻的事情，顿感如鲠在喉、不吐不快，索性以此开门见山。记得有一次我遇到一位老婆婆带着她的孙子一起乘坐公交车。车上人很多，两个人只有一个座位。开始老婆婆想抱着她的孙子坐，孙子不同意，老婆婆就让孙子坐下自己想坐在他的旁边，可以孙子还是不同意，老婆婆带着些许责怪的口吻说："咱俩一起坐不好吗？"结果孙子冲口而出："我就不让你坐。"其实像这种事情我在公交车上见多了，但尤以此次为甚，每每想起总觉痛心疾首。虽是顽童之举，确是让人不禁为未成年人的德育教育担忧。中华民族有着五千年的光辉历史，自古便被视为"礼仪之邦"，然而时至今日甚或不久的将来，不知我们还能否像我们的祖先一样以此为荣呢？教育乃国之根本，而德育则是其重中之重！"人是要有点精神的"，一个国家，一个社会，一个民族都需要有点精神。如何去建构这种精神，正是我们当前道德教育必须面对的问题！

一、道德教育

　　随着社会的不断发展，人们越来越认识到道德教育的重要性。缺失了思想根基的道德教育只能是"以其昏昏，使人昭昭"，我们必须从理性层面对这些问题的本源进行深入反思。

　　所谓道德就是人类创造的一种文化形式。道德范畴中有两个核心：一个是尊重生命；另一个是追求公正的社会秩序。因为人是生活在社会中的，其生存和发展最终都要依赖于社会制度和社会各方面条件。所以，人尊重生命，追求公正的社会秩序，并进而把它们内化为对自己的根本要求，这时我们就可以说有了道德的考虑。可见，人之所以要创造道德这种文化形式，正是出于人自身的需要。值得注意的是，道德不是法，道德本质上要求的是在各种关系中的个人的自觉行动，即自持。既然人必须过社会集群性生活，那么社会生活就必然存在着一种规约，存在着更大社会关系中的更多人的利益，所以道德或多或少就一定包含着对自我的约束和自我牺牲。正是由于这种社会性，道德的范畴虽然是人的思维抽象的产物，但它们绝不是道德教条，换言之，对道德范畴的具体把握首先就需要对不同的道德生活情境给予必要的、适当的尊重和理解。

基于对道德概念的认识，道德教育的内涵被界定为"指向人的德性培养的教育"，道德教育是学校教育的灵魂。众所周知，现代学校教育立足于人的完整生命的塑造和健全人格的培养，而道德教育就成为决定性因素。因此，很多人认为只有安排了单独的时空，道德教育才有了现实的抓手，其实，道德并不是一个独立的社会现象，它无时不在、无处不在，侵入到社会生活的各个方面，而且道德的表达方式也是多样的。因此，真正的道德教育更多地只能借助于各种复杂的渗透的方式完成，而由此所产生的影响最终也就变成了人的内在稳定的心性品质。然而，在科技不断发展、知识概念不断变迁的现代社会，我们对道德教育也应当保持一个动态的认识。

二、市场经济下德育所面临的挑战

改革开放的三十年来，尤其是近十年来中国特色社会主义市场经济体制在整个社会生活中的不断确立，传统价值观正经受时代的涤荡。社会道德要求和价值取向的剧烈转型，地区经济发展不平衡和社会两极分化现象的加剧导致一系列新的社会问题。我国的市场经济发展才刚刚起步，但是市场经济文化却已呈现一种泛化的势态。社会腐败以及拜金主义下各种扭曲的社会现象严重地影响了人们的人生观和价值观。我们不能不看到，在相当一段时期内，人们对社会义务、社会责任、大公无私、无私奉献、道德理想、理想人生等等都讲得少了。在数不胜数的残酷现实面前，社会道德乃至法律都显得有些苍白无力。处于这一转型期的学校德育，怎样确定它的价值取向，如何应付眼前的各种困难，都是它必须面临的巨大的挑战。

就目前我国的学校道德教育来说，普遍具有强制性、理想化、说教式、唯知识论和封闭性特征，因而长期以来都存在缺乏吸引力和实效性的问题。分析原因：一是以往德育课程对基础性品德的教育重视不够；二是以往德育课程对学生思想和生活实际缺乏关注和更实在和有深度的帮助；三是以往德育课程强调知识传递，内容枯燥抽象，教学方式单调，无法激发学生内在道德学习动力和兴趣，更谈不上道德实践的愿望和能力。因此，在当前形势下我们更应该对我们的道德教育重新加以思考。具体可以从以下几个方面加以改进：

1. 重视情感体验

道德教育从本质上讲是为了影响人、教育人的心性品质，这种品质反映了人的内在要求，是自主的，因而是个人的真实存在。从这个意义上说，道德是个人化的，道德的学习是个人在关系中的自我把握，所以真正的道德教育就一定包含着关系性、个体性、真实性和情境性等一些基本属性。与此相对应，人的情感体验恰恰反映了人最真实的存在，是个性在特定情境中的一种经历，如果没有这种属人的经历和由经历所构成的切身体验，那么个体就不可能对道德产生深刻的认同并进一步渗入人的内心。

2. 以学生为重心，实现师生之间的互动学习

过去有一种观点认为，成人比孩子、老师比学生掌握更多的道德真理，因此道德教育只能是单向的灌输，后来通过调查研究发现，其实在各个年龄阶段的孩子中间都有一些较成人更为可贵的道德品质，于是就提出了一个崭新的道德教育理念：向学生学习——两代人共同成长。另一方面也要求我们在向孩子和学生传递正向价值的时候，应当同时承认他们有质疑这种教育的权利。只有这样，道德教育才可能真正成为精神生命的相互碰撞，才可能生发出更多个鲜活的道德个性。传统教育观以知识为核心，现代教育观以人为核心。以知识为核心必然强调"教"，教育的重点通常是知识的提供者和知识的内容本身。以人为核心，必然强调"学"，教育的重点是学习者本身，因为学习是学习者的行为。由强调"教"转为强调"学"，这种转变看起来

似乎是微妙的，然而却具有极深刻的意义。这说明，教育核心的转变必然使得教育的重心从教师转向学生。

3. 以社会实践为依托进行德育教育

道德的主要任务是培养人格，形成德性，而德性不是抽象的，德性最终还是要表现在人与他人、与社会、与自然的关系之中。所以我认为德性的修养是一个关系性的思维，在关系中来要求自己、反思自己。实际上，道德原本就产生于现实的社会生活关系，离开了生活就不可能滋养德性。生活是酸甜苦辣都有，只有通过体验百味人生，人才能不断超越自身从而扩展和丰富个体的精神世界。

三、做一名用"心"的教师

如上所说，现在的道德教育要求以学生为中心，充分发挥学生的主动性。但是同时我们也必须承认，在这项需要全社会共同努力的工作中，学校无疑是具体工作最主要的承担者和执行者。教师肩负着启迪智慧、教育后代、塑造新人的神圣使命。教师的工作是塑造灵魂，这一特点决定了每一个教师都应该以高度的社会责任感要求自己。工厂出了劣质产品，可以封存、销毁，可以再加工、再生产；可是学校出了不合格的学生，还能封存，销毁，再培养、再教育吗？所以，教师的职业真真切切地关系到社会的发展、民族的命运。

其实这些大道理每个教师都明白，但并不是每个人都能做到，要想成为合格的人民教师就必须要用"心"。虽只简单两字，其中却包含万千，我认为其中最重要的有两点：

首先一点就是爱心。教师工作的对象是正在成长发育的学生，大量事实证明，学生在学校能否健康成长，老师的爱心是至关重要的。优秀教师之所以成功，是因为他们不仅付出了劳动，而且献出了爱心。少数教师之所以失败，不是他们缺乏知识，而是他们缺乏爱心。所以，爱学生是教师良好职业道德的集中表现。人们可以原谅教师在知识上有漏洞，甚至可以原谅教师在方法上有失误，但是不能原谅教师在人品上有瑕疵，不能原谅教师对待学生没有爱心。有人说，"老师是学生的镜子，学生是老师的影子。"意思是说，老师要在如何学习、如何做事、如何相处、如何合作上为学生做出榜样，让学生通过老师的言传身教学会学习、学会做事、学会共处、学会做人。

另外一点就是方法。从前有一个寓言：一头驴子背盐渡河，在河边滑了一跤，跌在水里，那盐溶化了。驴子站起来感到浑身轻松了许多。驴子非常高兴，获得了经验。后来有一回，它背了棉花，以为再跌倒，可以同上次一样，于是走到河边的时候，故意跌倒在水中。可是棉花吸收了水，驴子非但不能再站起来，而且一直向下沉，直到淹死。驴子为什么会被淹死？很重要的原因是他们的思维陷入了僵死的定型，以为只要按照先前或已有的经验去做，就一定能获得相同的结果。在这样的思维定式下，在瞬息万变的今天，过去成功的经验往往是此刻失败最直接的原因。因此，要想成为一个成功的老师就必须要把握一点：最好的方法并不一定是最适合的，只有最适合的方法才是最好的！

最后让我们从《人生第一课》看看美国幼儿园教师的育人之道：老师把儿童带进图书馆，老师微笑着说："给你们讲个故事好不好？"好！老师从书架上拿一本书，讲了一个童话。说故事就写在书中，等你们长大也能写这样的书。接着问，哪位小朋友也来讲一个？一个小朋友认真讲起来，"我有一个爸爸，还有一个妈妈……"然后，老师把语无伦次的故事，很认真完整地写下来，再问哪位小朋友来配个插图呢？老师同样把画得不像样子的画放在后面，并用封面纸一同装订起来，写上姓名和年月日。老师把这本书高高举起，瞧！这是我们写的第一本书。孩子们，写书并不难，等你们长大了，就能成为伟大的作家。我们如何看待这样的"灌输"？这就是教育的真谛！潜移默化，"润物细无声"。这样的教育就是用"心"。

第七部分
班级管理的创新做法

理解、支持、提升：
普通高中家校合作的三个阶梯

崂山一中　吴宏丽

　　我所在的崂山区第一中学是一所典型的城乡接合的普通高中。生源格局多样化，有少数来自青岛市内四区的城市孩子、有来自大山深处及海边的崂山土著、有来自全国各地的外来务工子女。其中绝大部分学生来自崂山区本区域。作为一名从教多年的老班主任，我越来越意识到在这种特定的生源条件下，家校合作的重要性。我把家庭作为班级管理的重要资源，在理解学校教育、支持学校教育、帮助家长提升教育能力等三个方面进行了一系列的探索。

　　一、让家长了解学生、了解高中教育，迈出家校合作的第一步

　　以我现在所带的 2014 级 2 班为例，全班共 49 人，其中有 7 人来自市区，9 人是外来务工子女，其他 33 人都是崂山本地人。后两类学生的家长，普遍文化水平偏低，很少主动与我联系。很多家长都说怕打扰我，还有些家长流露出因为自身或别人的经历，担心老师联系家长只为了告状，从而闹得家长和孩子关系更紧张。为了打消他们的顾虑，从高一入学的第一次家长会起，我就开始向家长强调家长与老师合作的重要性，以后一有机会我就进行强化。我告知他们尽管联系我，如果因上课未及时接听电话，可留言；我还主动给家长打电话、聊微信、家访。每次与他们交流，我都是先讲孩子的优点、长处、进步之处，然后婉转地指出孩子的进步空间，寻找解决问题的途径。为此，我的班主任工作中，周密设计了家长参与班级活动的规划，让理解和了解成为家校共育的第一步。

二、明确家长与老师双方的职责分工，把支持学校教育框定在责任范围内

虽然老师和家长的教育对象是相同的，教育的目标是一致的，但教育内容的范围是不同的。不论是教师、还是家长和学生都应该清楚家校沟通成功的关键是什么，各自应扮演什么样的角色。我校属于寄宿制学校，我班49人，有43人住校。学生一周在学校待6天，周六下午两节课后回家。班主任们经常感叹"6小于1"，就是说班主任在学校6天进行的各种良好的习惯养成教育和品德教育，可能回家待一天后，学生的行为习惯就发生极大改观——懒散，贪玩，不写作业，周一上课无精打采等。为了保障学生的良好学习状态和行为习惯，我尝试在教师、家长、学生之间确定三方的责任，经过讨论，达成共识，形成纸质协议。家长的主要责任：主动与班主任和任课教师保持经常性的联系，以便准确全面了解孩子在校表现，明确班主任和老师的要求；尊重、信任、理解孩子；维护教师在孩子心目中的威信；主动配合学校和教师对学生的教育。教师的主要责任：学生在学校出现学习、品德、心理等方面的变化时及时与家长联系；当学生成长过程中出现问题时及时与家长共同协商结局，不推卸责任，绝不放弃对学生的教育；尊重家长、平等地对待家长，公平对待每一个学生。

三、创新策略方法，提升家校沟通效能

1. 让家长会的形式服从于内容

每学期期中、期末的家长会，是全体家长都需要参与的。为了增强家长会的效果，我采取以下措施：

一是分层分类召开。我会根据不同的需要，分层、分类召开家长会，如班干部、学优生、学困生、进步趋势明显学生、美术生、体育生，或者应哪一科老师的要求，单独召开哪几个同学的家长会，这种小范围的家长会，我一般采取老师、家长、学生共同参与的圆桌式会议形式，就一两个突出的问题进行亲子、师生、教师与家长的对话，各抒己见，畅所欲言，而且我会提前通过微信把家长会的内容告诉家长，让他们有备而来，时间还可以有弹性。如班干部家长会，旨在指导学生学习与工作两不误，进一步提高全面素质；

学习困难学生家长会旨在指导学生改进学习方法、提高心理素质；进步趋势明显学生家长会旨在鼓舞干劲，指导学习方法，要求注重能力培养，从题海中走出来；纪律较差的学生家长会旨在对意志、情感、兴趣、性格等心理素质的培养，完善道德人格等。

二是形式多样。对于全员参与的家长会，我也注意采取不同的形式，力争达到效果最大化，如互动型家长会、报告型家长会或者是学生全权负责型等。我所带的每一届学生，除了第一次全员参与的家长会是我主持、主讲外，其他的时候，我往往选择做一个引导者或者是家长、孩子们的助手。一是孩子在前、家长在后。家长坐在孩子的位子上，孩子坐在家长身边的座位上。学生做主持人，我简单汇报完基本情况后，主持的学生充分调动家长的积极性，让家长上台发表感言及心得，让学生作自我总结。二是生生交流、互相启发。我提前把班会的主题传达给学生，把权利完全下放，学生负责主持；小组长对自己组员的表现进行点评；班长对小组长的表现进行点评；主持人进行总结陈词，向家长表明同学们的信心和对家长的愿望。孩子们对同学的点评中肯到位，既肯定优点，也指出不足，并提供改进的方式方法，家长和同学频频点头，效果非常好。每次家长会前，我都会把孩子的成绩条（不含班级与级部名次的）、写有老师和同学评价的个人素质报告册、优秀的作业、荣誉证书等放在学生的座位上，家长坐下后，先自己看，然后再听。

2. 让家长真正参与到班级管理里中来，与孩子共成长

学生进入高中后，随着时间的推移，每个班都会出现那么几个所谓的"不安定分子"——迟到、早退、自习课说话、违反宿舍纪律等。虽然和家长沟通过，但效果不甚明显。为了改善这种现象，我决定发挥班级家委会的作用。在 2014 级 2 班高一期末家长会时，我班的家委会主任在家长签到表上增加了一栏"您愿意参与到班级的管理中来吗？比如查宿舍、看晚自习等。"百分之九十的家长选择了愿意。于是，家委会主任和秘书长根据家长的工作情况、家庭情况等组织了 24 位家长，分成 4 组，一个月轮一次，到班里看晚自习、查宿舍，课间与孩子、老师进行交流。一段时间下来，班级的各方面表现有很大改观。在校秋季运动会上，学校确定的开幕式主题是崂山传统文化的展示。我班抽到的题目是《二龙山的传说》，家长们尤其是崂山本地的家长马上行动起来：查资料、编剧本、借道具；利用下班后的时间到学校和孩子们一起探讨，修改，排练；运动会当天，不上班的家长到学校为孩子们加油助威，全程录像、拍照。针对我省的综合素质评价招生政策改革中提到的学生参加社区服务和综合实践的规定，为了帮助有意参加综合素质评价招生的同学，我班家委会发动全体家长，动用各自的人脉，利用去年的暑假，周末，今年的寒假，组织这一部分同学到华都社区等不同的社区参加活动；朱秉承同学的家长则带领孩子们到他工作的汉缆集团参观学习。一系列的活动中，老师和家长之间越来越默契，孩子与家长的关系也越来越融洽。

3. 让"互联网+"更好地服务于班级管理

前几年和家长沟通，短信平台运用的较多。随着 QQ、微信、微博等的普及，我建立了班级博客、班级微信群和班级 QQ 群，以确保联系的畅通与及时。在为群起名字时，我很是下了一番功夫。上高二分了一次班，班级完全重组，为了培养班级的凝聚力，我们的群名字是"和谐的高二（2）班"；到了高三则改成"奋进的高三（2）班"。我随时在群里发布班级最新消息、近期活动照片、学校最近活动、教师心得等等。家长也把自己的家庭教育心得与我和其他家长共同分享，同时，任课教师和家长也通过群进行沟通与交流，个别家长可以与老师单独交谈关于自己孩子的情况。

4. 让家长掌握科学家教方法，提升家长的家教能力

我充分利用我办公室旁边的空教室，定期在那里举办家庭教育讲座、主题沙龙会等，不断提升家长的教育能力。让家庭教育和学校教育的理念在一个波段运行。在培养孩子中，让家长见证孩子成长、陪伴孩子成长，和孩子共同成长。

关于家校沟通应该注意的几个问题

青岛一中　尚妮娜

一、摆正心态，明确目的

（1）家长不是我们的教育对象，我们不能因为人家孩子在我们班就把人家一起教育了。家长是我们的教育伙伴和亲密的战友，在教育孩子这件事情上我们和家长的战斗目标或者说作战目的是完全一致的。所以我们一定要摆正心态考虑到家长的可接受性，要时不时地给家长这样的暗示："她是你的孩子，也是我的学生，我和你一样，特别希望看到孩子的成长和进步"。

（2）心里时时刻刻都要清楚与家长沟通的目的。我们的目的是要和家长一起解决问题。因此与家长的沟通应该是双向的，不仅仅要求家长配合学校，更应该去询问去倾听家长对我们教育方式和班级管理的看法。事实上，有时家长提出的建议和提供的帮助真的让我们很受益。

比如说上高二的时候，我们班里自习课入静比较慢，我也很头疼，正好学校邀请部分家长来答一个问卷，我就和这部分家长一起聊到这件事儿，我表达了我的苦恼。很快就有家长出主意了，说："老师，咱们班里可不可以规定一下自习课一开始的 5 分钟到 10 分钟是练字时间？"正好班里的大部分男生书写也不规范，我就当场同意试一试。后来这位家长就主动给班里每个孩子从网上订了汉字的字帖和英语的字帖，而且非常专业地定了高考英语必考词汇的字帖。我在班里用起来以后发现这真的是"一举好几得"的事情，首先自习入静比以前快了，第二孩子们的书写有非常大的改善，第三顺便也背了英语高考的词汇。

这样的例子，我相信每个班都会有。通过这个例子我想要表达的就是我们和家长的沟通目的其实就是为了想方法来解决问题，绝对不是为了告状或者泄私愤。所以和家长沟通以后一定要敲定家长怎么做老师怎么做，以及家长和老师应该怎么配合，这才是我们交流的目的。

二、注意沟通的艺术

学会讲话。我相信每一个家长内心都是护短的。孩子是他生的他养的更是他心里的宝贝儿，他一定不希望听到老师一张口他孩子全是缺点。所以在和家长交流的时候，一定要放大孩子的优点，把所有的优点详细地一点一点地慢慢说，而所有的缺点要合并同类项以后再变成中性的语言说出来。

比如说班里有一个男生，他非常热衷于班级和学校的各项活动：

运动会、模联等等。在这些活动当中特别积极，但是呢，回到班里就上课睡觉，自习课老是外出，偷着在厕所里用手机玩游戏，不交作业，考试成绩也很不理想。我在和他的家长沟通的时候就非常详细地说了孩子在运动会和模联中的表现。我把他怎么认真准备的，在场上发挥得如何，同学们怎么给他加油的——和孩子妈妈交流，还强调说：孩子的集体荣誉感特别强，这一点非常非常难得。孩子的家长在听了这段表扬之后自然就比较能听得进去孩子的缺点，也能认同我的一些建议。然后我再谈到孩子缺点的时候，没有一上来就罗列他的各种罪状，我总结了一下，说：孩子对学习不是特别地感兴趣，引起了妈妈的注意以后，我就罗列出了几个事实情况，和家长一起讨论了具体的解决方法，他的家长非常非常关注这些问题也很配合老师。最后，我又很坚决地表达了：我很有信心，只要我们配合好，孩子一定会越来越好等等。现在两年过去了，孩子改变很大，成绩也一直保持在前10名，我和孩子家长也成了好朋友。

总而言之，学会讲话，就是把批评作为"夹心面包"的那个"心儿"，一开始一定要大力表扬孩子做得好的地方，中间夹杂着诚恳的批评，最后一定要以正面的积极的信息来结束交流。这种沟通我屡试不爽，结果往往就是很圆满的。

三、学会倾听。

我们要给家长讲话的机会，对家长表达的感受尽可能地换位思考。这样才能在给家长提供有助于孩子成长的具体建议时更容易被接受。

创新路上需要折腾

青岛二中分校　宋雪莲

说到"折腾"两字，我就会立即想到最近听过的三次"折腾"，第一次是参加青岛市名班主任工作室培训，给我们培训的是一位有名的班主任专家，他说过"折腾"，他是一名体育老师，因为"折腾"结果成为一位全国有名的班主任，提出了体验式班会课；还有一次是我参加机器人培训，给我们培训的专家中一位是化学老师出身，一为是语文老师出身，都是在国际上带出金牌选手的指导老师，其中出身语文的老师说他是一个喜欢折腾的人……当时特别有感想，想写一篇文章，紧接着就又看到咱们学校报道过的邢庆卫老师提到"折腾"两字……折腾说明了有想去探索新事物的动力，有不安于现状而力求突破的魄力，这恰恰体现了我们学校提出的"领先一步，追求卓越"的办学理念，在我们的创新工作中更需要领先一步的"折腾"精神。

在我带领学生开展创新的工作中，从最初的科技节、头脑奥赛辅导到机器人指导，折腾这两个字也曾不断闪现脑海。

一、折腾就需要大胆尝试新事物

最早开始科技辅导工作，自己先后带过橡皮筋小车、承重比赛、舞台剧表演等等，在从事不同的辅导工作时，自己最大的感受不仅仅是学生成长了，而且自己也在不同的辅导工作中得到成长。2016年3月机器人实验室成立后，最初只有乐高和足球、篮球机器人，这个学期学校创客实验室一建成，我就借来了开源硬件的基础套件，为什么呢？因为我知道开源硬件能够将代码编程和硬件很好地结合，可以最大限度体现孩子们天马行空的想法，我觉得非常有必要给学机器人的孩子传授这项技术，于是我从创客实验室借来就开始自学并且在校本中及时开设。另外这学期创新办刘主任和我商量一起开拓一个新项目——物联网，我也非常赞同，因为这项技术是和我们紧密联系、息息相关的一项技术，让学生学习这项技术是非常有用的，于是我就接手了这一项目并且带领学生参加培训、进行比赛，目前获得青岛市一等奖，正准备参加全国比赛。其实在"折腾"的过程中，我们可能会忙些，但是带给学生们的却是一种新的思维、新的方向，为其创新能力的培养起到了潜移默化的作用。同样，我在班主任工作中也是喜欢提出一些新的点子，然后去尝试，可能尝试中不一定都成功，但是却在尝试中不断完善和收获，我一直认为如果只是喜欢安于现状就很难接受新的事物，如果仅仅喜欢安逸就不会有多的收获。

二、折腾就需要寻找适合的方法

以我目前主要负责的项目机器人来说，参与学生 20 多个，但是这部分学生兴趣差别又比较大，有喜欢编程的，有喜欢搭建的，还有喜欢竞技类的……仅靠我一个人肯定无法兼顾，每周一节校本时间你无法一一指导，比如这个学期，我讲授的是开源硬件设计，是代码编程方面的知识，很难兼顾每个组的专项学习，怎么样兼顾到不同学生而使其各自发展呢？对此，我根据学习兴趣成立不同的小组，安排专人负责，形成梯队化自主学习模式。目前，我们成立的主要有足球篮球组、乐高团队组、物联网组、开源硬件设计组，每组负责人基本以高二学生为主力，负责带领高一学生进行学习和训练。这些组除了校本、社团活动时间外，会由组长利用活动课时间自行安排组织活动，每组有人参加比赛，整个组都要协作辅助参与比赛的人员，这种模式以学生自主管理为主，以老队员带新成员为主，时间安排也比较灵活，而且学生间的相互交流学习提高特别快，不仅被教的提高得快，教的学生自身也提高很快。我定期会召开组长会议，让他们对近期工作做总结、反思以及我会提出一些要求。同时我还建立青岛二中分校机器人群，定期上传教学资源、教学视频等，学生们也利用这个群上传各组开展自学的一些资料，以推动学生的自主学习。

三、折腾就需要多渠道给学生搭建创新的平台

1. 创设平等包容的创新氛围

在我们的团队氛围中，我一直主张平等和包容，希望每个学生都能积极地发挥自己最大的潜能。每次准备一项赛事时，我都是先让学生想出几个方案，然后拿出时间和他们一起专门讨论，在讨论中相互碰撞出很多火花，也让我越来越相信有时候学生的想法完全可以超越老师的。比如最近构建的一个岛屿模型，大家在相互碰撞中由最初的单层结构拓展出三层立体结构，然后学生又提出一个翻转立体居住空间的想法，非常奇特新颖，这是我自己想不到的。

2. 因材施教，发挥每个孩子的优势

在机器人团队比赛中往往需要不同学生的才能，既需要有编程能力特别强的学生，也需要具备结构搭建能力的学生，甚至有时候需要表演能力强的学生。所以熟悉学生的潜能优势所在并有侧重的培养很重要，比如对于逻辑思维能力比较强学生，我们专门成立了编程小组，先后引领他们学习了乐高、WER、开源 Arduino 以及物联网等编程知识，让他们在比赛中承担编程的主要任务；对结构和搭建感兴趣的学生，我结合具体案例引领他们组建不同的结构，在团队竞赛中以搭建工作为主。除了知识方面的优势，还要关注学生其他的优势，例如情商。比如王润桢是个组织能力比较强的孩子，让他干社长，很多活动都是他来安排组织；而智然是一个计算机水平特别高、逻辑思维严谨的孩子，主要承担技术方面的任务和指导，并且因为其出众的编程能力被青岛电视台报道。"每个学生都是好学生"，关键在你如何引导和培养，这种方式不仅为我们团队比赛储备了人才，也让不同学生的潜能得到挖掘和展示。

3. 搭建平台，开拓学生的视野，增加学生锻炼的机会。

我利用社团时间带领学生到青岛市创客实践基地参观学习，在咱们学校创客实验组建后我们又最先去实践学习，还联系物联网专家对学生进行培训，聘请专家进行了 Arduino 开源硬件创意设计的引领……在这些活动中，学生的知识和视野大大拓展，对最新的技术发展有更多了解。同时，我还注重通过赛事来锻炼学生，通过赛事促进学生成长，只要设备具备我都积极组织学生去参加竞赛，不仅仅为了学生获得荣誉，更多的是准备赛事的过程和参赛过程对学生都是极大的锻炼，无论是技术水平还是赛场经验，一场比赛可能对于学生就有一个大的飞跃。高二的几个主力队员都是参加过比赛的成员，他们现在的能力就比较突出。他们先后获得全国二等奖、省一等奖、市一等奖等荣誉。

四、折腾路上因学生而感动

在和学生一起创新、共同成长的过程中，我常常不自觉地被学生感动着。为学生的奇思妙想而感动，为学生的坚持执着而感动，为学生的无私分享而感动……每每想起，我都能滔滔不绝的谈起很多。这个学期，校本课程主要讲解开源硬件的代码编程，讲解中我发现高一学生的编程基础实在太差，但是编程却又是机器人比赛必须具备的重要技能之一，仅仅靠一周一次的课程，肯定无法快速掌握这项技能，怎么办？作为一个还承担班主任工作的我的确无暇分身，当我和所带的高二学生提出这个问题时，高二的智然同学主动提出抽出两天下午5:30—6:30的时间给学生补讲编程知识，于是一个编程小组就形成了，每次离校前我去看他们，总是看到他们特别认真地在讨论在学习，一方无私分享，一方认真好学，这样的团队真的让我感动；在和学生一起准备项目的过程中，我也总能被学生闪现的智慧而感动，上次物联网比赛时，学生设想的主题是搭建一个具有军用和民用功能的岛屿，当时学生提出军用方面的三级防御，根据危机程度分别从警报、喊话驱逐到授权军事攻击进行全面的军事防御；搭建的岛屿采用的是一个片状结构，这种结构在传统搭建方式中非常少见，但是搭建的结构模型效果独具一格、非常美观，那场比赛结束后很多学校的辅导老师都围过来，不断赞叹我们这个作品；还有我们的社长王润桢特别热心，是我特别得力的助手，无论平日的校本社团还是比赛前期的准备，他总能辅助我安排地井井有条。

因为折腾，才让我们有想去探索新事物的动力，因为折腾才让我们不安于现状而力求突破；因为折腾，才让学科没有界线，创新永无止境；因为折腾，才让我们充满激情，永不放弃前行的脚步。